Silke Wolfrum
Glückskekse im Advent
Eine Geschichte in 24 Kapiteln

SILKE WOLFRUM

Glückskekse
im Advent

ILLUSTRATION
NELE PALMTAG

Carl Hanser Verlag

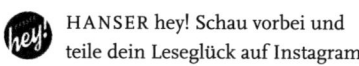 HANSER hey! Schau vorbei und
teile dein Leseglück auf Instagram

1. Auflage 2021

ISBN 978-3-446-27127-2
Text © Silke Wolfrum
Illustrationen © Nele Palmtag
© 2021 Carl Hanser Verlag GmbH & Co. KG, München
Umschlag: Nele Palmtag, Hamburg
Satz im Verlag
Druck und Bindung: PNB Print Ltd., Silakrogs
Printed in Latvia

Liebe Mama,

es ist blöd, dass du weg bist. Gestern war
1. Advent und Papa hat an nichts gedacht, es
gab keinen Adventskranz und keine Plätzchen.
Er hat sogar vergessen, den Adventskalender
aufzuhängen, die Söckchen! 𝄆𝄆𝄆𝄆𝄆
Er ist immer noch blockiert und kochen
kann er auch nicht. Zu Weihnachten gehört
doch auch die Zeit davor, aber Papa kümmert
sich gar nicht darum. Ich habe schon in
den Gang geschaut. Da ist immer noch
nichts.
Jetzt muss ich gleich in die Schule, aber
ich wette draußen regnet es.

Finja geht zum Fenster und drückt ihre Nase gegen die Fenster-
scheibe. Im Scheinwerferlicht eines vorbeidröhnenden Autos
sieht sie es ganz genau: Regen. Nass glänzender Asphalt, nasser
Gehweg, alles nass. Finjas Nase wird kalt, aber sie starrt trotzdem weiter nach draußen. Obenrum trägt sie noch ihren Schlaf-

anzug, untenrum ist sie schon angezogen. Ihre braunen Locken stehen in alle Richtungen. Bald wird ein Vogel darin nisten. Kein Wunder, wenn keine Mama da ist, die einen kämmt! Für ein richtiges Frühstück ist es auch schon zu spät. Nichts passt an diesem Montagmorgen, und deshalb tut Finja das, was sie am besten kann: Sie finjatisiert.

Erst sieht sie es nur ein bisschen, aber nach und nach werden aus den Regentropfen immer mehr Schneeflocken. Tanzende Schneeflocken, die das Garagendach gegenüber, die Dächer, die

Bäume, die Straße, den Gehweg zudecken. Der Himmel ist nicht mehr grau, sondern strahlend blau, und es schneit und schneit. Hunderttausend, ach was, Millionen kleine weiße Schneekristalle fallen und fallen vom Himmel und wirbeln in der Luft. Ganz Rüdlingen verschwindet unter einer weißen Schneedecke. Finja und Mo müssen ihre Skier aus dem Keller holen, um zur Schule zu kommen. Dort schaufelt ihnen der dicke Draschke das Schultor frei. Alle Kinder helfen mit und graben einen Tunnel durch die Schneeberge, damit sie ins Schulhaus können. Aber es schneit weiter und weiter, so sehr, dass alle Zeitungen und Fernsehsender vom »Jahrhundertschnee in Rüdlingen« berichten, und auch Mama hört davon, und da löst sich der Knoten in ihrem Hals von ganz alleine – einfach so, ohne OP, weil Mama so gerne Ski fährt. Und was soll sie da auf einer Insel? Mama packt alles wieder ein, was sie gerade ausgepackt hat, und kommt nach Hause. Und bevor sie alle zusammen Ski fahren gehen, kocht sie Chili con Carne, Finjas Lieblingsessen. Natürlich hängt Mama auch schnell noch den Adventskalender in den Gang und füllt alle alten Babysöckchen von Finja mit kleinen Geschenken und Süßigkeiten. Die ganze Zeit schneit es, und Finja und Mama stellen zusammen in der Wohnung Tannenzweige auf und schmücken sie, und sie backen Plätzchen zusammen, so viele, dass die ganze Wohnung duftet. Der Duft lockt Papa aus seinem Arbeitszimmer. Erst sieht er noch aus wie ein Zombie, blass und rotäugig, aber dann kommt wieder Leben in ihn. Es macht »bling«, und plötzlich hat er ganz viele Ideen für seine verfluchten Glückskekse, und dann machen sie alle zusammen ...

»Fiiiiiiinjaa!«, sagt Mo in diesem Genervter-Bruder-Ton. »Du bist ja noch nicht einmal angezogen! In zwei Minuten geh ich!«

Schlagartig hört Finja wieder den Regen, und ihre Nase ist jetzt so kalt, dass sie Angst hat, sie könnte an der Scheibe festgefroren sein. Sie bekommt die Nase dann aber doch ganz leicht los und starrt mürrisch auf ihren Bruder, der gleich wieder verschwindet.

Mama! Ich wünschte, ich könnte diesen Brief schicken, aber du wirst ja jetzt operiert und brauchst keine zusätzlichen Sorgen, hat Papa gesagt.
Viel Glück für die OP!

Ratsch, ratsch, zerreißt Finja ihren Brief und wirft ihn in den Papierkorb.

»Was ist jetzt?«, schreit Mo. Er ist schon im Anorak.

Hinter ihm taucht Papa auf. Im Schlafanzug, mit zerzausten Haaren und ganz tiefen dunklen Augenringen.

»Kaffee!«, murmelt er und wankt zur Küche.

Während Finja ihr Schlafanzugoberteil gegen einen Pulli tauscht, denkt sie daran, wie Papa ausgesehen hat, als er ihnen von seinem »großen Auftrag« erzählt hat. Nämlich ganz anders. Wie ein glücklicher Buddha. Er drückte ihnen allen einen Glückskeks in die Hand, Mo, Mama und Finja. Seine Augen leuchteten. Dann packte er sich den Suppenschöpflöffel und tat, als wäre das ein Mikrofon.

»Meine geliebten Kinder, meine bewundernswerte Ehefrau, ich habe EINEN AUFTRAG!«, rief er in das Suppen-Mikro. »Und zwar nicht irgend so einen Popelauftrag, für den es nur ein paar Cent gibt, neiheeeeiiiin, ich habe einen Auftrag, bei dem richtig viel Kohle rausspringt. Und wenn es funktioniert, dann werden weitere Aufträge folgen. Ihr haltet quasi gerade unser Glück in Händen!«

Sie haben die Glückskekse angeschaut und gelacht, weil Papa mit dem Hintern wackelte. Verstanden haben sie da noch nichts.

Aber dann hielt Papa den Suppenlöffel in die Höhe, sodass er aussah wie die Freiheitsstatue von Amerika, und rief: »Tatata taaaaaaaa! Ich werde Glückskekse-Texter!« Papa machte einen Luftsprung, bei dem er an den Tisch rumpelte, sodass der Tee aus allen Tassen schwappte. Aber das war gerade alles egal.

»Künstler sind nun mal Kindsköpfe«, sagt Mama immer.

Bisher hat Papa Bücher geschrieben, die keiner kaufen wollte. Jetzt sollte er Sprüche für Glückskekse schreiben, und zwar 111 Stück für die Reihe »Hochzeitsgesellschaft«.

Sie sollten vor allem »originell« sein, das heißt nicht so langweilig wie normale Glückskekssprüche, erklärte Papa. »Eine echte künstlerische Herausforderung«, prahlte er.

Dann öffneten alle ihre Glückskekse und holten den kleinen weißen Papierstreifen heraus, der darin eingebacken war. Auf Mamas Zettel stand: »Das Leben ist ein Auf und Ab.«

»Wie öde!«, kommentierte Papa.

Auf Mos Zettel stand: »Wer liebt, wird gegengeliebt werden.« Finja musste kichern, Mo wurde rot, und Papa sagte wieder nur: »Öde, öde, öde!«

Auf Finjas Zettel stand: »Suche nicht nach Fehlern, suche nach Lösungen.« Papa machte nur »Pf!« dazu. Dann las er seinen Zettel vor: »Jeder Tag, an dem du nicht lächelst, ist ein verlorener Tag!« Er knüllte den Zettel zusammen und warf ihn hinter sich. »MEINE Sprüche werden besser!« Wie ein Gorilla klopfte er sich auf die Brust.

Da hatte er noch keine Ringe unter den Augen. Und noch keine »Schreibblockade«.

Heute fehlen ihm noch 13 Sprüche, der Abgabetermin ist kurz vor Weihnachten. Komisch, denkt Finja, erst war der Auftrag so ein Glück, und jetzt hat er Papa zum Zombie gemacht. Diese Glückskekse sind in Wirklichkeit Unglückskekse. Papa schlurft nur noch durch die Wohnung, er ist gar nicht mehr lustig, und wenn man was von ihm will, sagt er nur: »Sorry, Mäuschen, aber ich hab 'ne Blockade.«

Finja stellt sich diese Blockade wie ein fieses Wesen vor, mit großen Ohren und einem Rüssel. Es grinst frech, rollt mit den Augen, und wenn Papa nach einem neuen Spruch sucht, dann streckt es ihm die Zunge raus und sagt immer nur »Bäh!«.

Finja schnappt sich ihre Schultasche, und Mo hetzt hinterher. Aus dem Augenwinkel sieht sie Papa in der Küche hocken. Er starrt in seine Kaffeetasse.

Als die Wohnungstür zufällt, schreckt er kurz auf und murmelt: »Müsst ihr nicht schon längst los?«

Als Finja hinter Mo Richtung Schule läuft, fällt ihr ein, dass sie vergessen hat, Felix zu füttern. Wie gern würde sie jetzt eine Runde mit ihm kuscheln. Manchmal schnurrt Felix dann, fast wie eine Katze, obwohl er nur ein Meerschweinchen ist. Finja bekommt ein schlechtes Gewissen, weil sie seinen Käfig schon so lange nicht mehr gereinigt hat. Aber da Mama sie nicht mehr daran erinnert, vergisst sie es dauernd.

Was Mama jetzt wohl macht? Sie ist so unendlich weit weg, ganz oben in Deutschland, am Meer. Hätte Frau Iggenpol nicht wann anders Hals über Kopf heiraten und in Flitterwochen fahren können? Dann hätte Mamas Chorleiter Zeit gehabt, für das große Weihnachtsoratorium einen anderen Ersatz für sie zu finden, nicht Mama. Dann hätte Mama nicht die ganze Zeit in einer falschen Stimmlage singen müssen (nämlich in der von Frau Iggenpol), und dann hätte sie jetzt keinen Knoten im Hals und müsste nicht operiert werden. Einen Knoten im Hals bekommt man, wenn man die Stimme »falsch einsetzt« und »überstrapaziert«, erklärte Mama, oder besser: Sie flüsterte es. Denn da war es schon zu spät und der Knoten schon drin. Finja dachte erst, so schlimm könne es nicht sein, weil sie ja gar keinen Knoten in Mamas Hals sah, aber dann flüsterte Mama, es seien eigentlich zwei Knoten oder besser zwei Hügelchen auf ihren Stimmlippen, und die könne man von außen gar nicht sehen. Aber man müsse sie wegoperieren, und hoffentlich würde dann ihre Stimme wieder so wie früher. Das hat sie ganz leise geflüstert, Finja konnte es kaum verstehen. Aber so traurig, wie Mama aussah, war ihr schon klar, dass es mit dieser OP nicht so einfach war. Wenn Mamas Stimme nicht mehr wie früher wird, kann sie nicht mehr im Chor singen und auch sonst keine Auftritte mehr geben. Vielleicht kann sie dann nicht einmal mehr Gesangsunterricht geben. Was soll sie dann bloß machen?

OP heißt übrigens Operation, das hatte Mama auch noch erklärt. Wenn sie wenigstens hier in der Nähe hätte operiert werden können. Das wäre dann so was wie »Glück im Unglück« gewesen, aber so war es »Unglück im Unglück«. Denn dieser Spezialist für Stimmbandoperationen bei Sängern musste ja unbedingt in Hamburg leben, am Ende der Welt. Und nicht nur das, es war ja alles noch viel schlimmer. Nach dieser OP, vor der Mama so Angst hatte, durfte sie vierzehn Tage lang nicht sprechen. Kein einziges Wort, nicht einmal flüstern. Vierzehn Tage lang, fast die ganze Vorweihnachtszeit! Singen durfte sie natürlich auch nicht. Wie sollte das überhaupt sein, Weihnachten ohne Mamas Gesang?

Finjas Gedanken sind so düster, dass es ein Wunder ist, dass dabei die Sonne aufgehen kann. Das macht sie jetzt aber und taucht Rüdlingen, wenn auch etwas zaghaft, in morgendliches Licht. Hätte Finja nicht permanent auf den nassen Asphalt gestarrt, vielleicht hätte sie Rüdi gesehen oder die Frau mit den roten Haaren und den großen Ohrringen neben ihm, und vielleicht hätte einer der beiden ihr ein klein wenig zugeblinzelt.

Rüdi oder »unser Rüdi«, wie ihn die Rüdlinger liebevoll nennen, steht schon seit über 250 Jahren auf einem Sockel vor der Rathausmauer. Seit wann die Rüdlinger im Vorbeigehen über seine Schnauze streichen, ist nicht bekannt. Aber es muss schon lange so sein. Denn Rüdis Schnauze ist blitzblank und glänzt. Auf seinem restlichen Körper sieht man hier und da grünliche Altersflecken, aber in der Schnauze könnte man sich spiegeln. Sehr zu Rüdis Zufriedenheit, denn jeder braucht schließlich Streicheleinheiten und ein Glücksschwein ganz besonders.

Finja aber beachtet Rüdi nicht und Mo übrigens auch nicht. Er denkt an einen Brief, den er geschrieben hat und der nun in viele kleine Fetzchen zerrissen in seiner Hosentasche steckt. Es ist kein Brief an seine Mama, nein, der Brief ist an eine andere weibliche Person gerichtet. Mos Hose wird noch Schlimmes widerfahren und daraufhin in die Waschmaschine wandern, um dort viele kleine weiße Papierkügelchen zu hinterlassen. Aber von diesem Schicksal wissen weder Mo noch seine Hose im Moment.

Finja und Mo sind schon fast am Schultor, als Sina angedüst kommt.

»Hallihallo, hallihallo!«, ruft sie und reibt Finjas Arm zur Begrüßung. Sina muss ihre Freundinnen immer umarmen, abrubbeln, anfassen. »Was hast du bekommen?«, fragt sie atemlos und schiebt ihre Mütze ein Stückchen nach hinten. Die Mütze ist grün und hat Glitzersterne drauf. »Ich gestern eine Brausekugel und heute einen Herzchen-Radiergummi, schau mal!« In Sinas flauschigem Handschuh liegt ein roter Radiergummi in Herzform. »Total süüüüüüß, oder?«

Finja hätte auch gern so einen Radiergummi. Finja ahnt schon, woher Sina diesen Radiergummi hat, aber sie macht auf ahnungslos: »Von wem hast du den?«

»Er war im zweiten Säckchen, meine Mama hängt immer lauter kleine bunte Säckchen in den Gang, wenn ich schon schlafe. Das finde ich immer sooooo toll. Und was hast du für einen Adventskalender?«

Finja erstarrt. Sie tut so, als hätte sie die Frage nicht gehört. Zum Glück sind sie jetzt von so vielen Kindern umgeben, die alle am dicken Draschke vorbei durchs Schultor drängen, dass Sina nicht noch einmal nachfragt. Aber damit ist es nicht getan. Das merkt sie, kurz nachdem sie das Klassenzimmer betritt. Alle reden dort von ihren Kalendern. In Lars' Adventskalender war ein kleines Auto, in Monas eine Playmobil-Figur, und Anastasia hat natürlich wieder das Allerbeste bekommen: einen wundervollen roten Glitzerball. Wenn man ihn auf den Boden wirft, blinkt er. Es ist schon schlimm genug, wenn man keinen Adventskalender bekommt, noch schlimmer ist es, wenn man die Einzige ist, die keinen bekommen hat.

Alle wollen jetzt Anastasias Ball auf den Boden werfen, sie ist mal wieder der Star. Wer darf ihren Ball werfen? Die Auserwählten glühen vor Stolz. Wie eine Königin thront Anastasia auf ihrer Bank und bestimmt gnädig, wer den Ball einmal auf den Boden knallen darf. Sie trägt heute wieder ihre Pailletten-Jeans und den Eisbär-Pulli. Draußen im Gang stehen ihre Reiterstiefel. Anastasia ist die Einzige in der Klasse, die ein eigenes Pferd hat, und alle beneiden sie darum, außer vielleicht Lars – der würde nie ein Pferd gegen seinen Hockeyschläger tauschen.

Finja schleicht zu ihrem Platz und beobachtet Anastasia aus den Augenwinkeln. Wie gern würde sie auch mal diesen Glitzerball in den Händen halten.

»Lass mich mal!«, »Nein mich!«, schreien die anderen.

Tanni setzt sich neben Finja. »Bei mir war ein Schokobär drin«, sagt sie und verfolgt mit den Augen, wie der rote Ball durchs Klassenzimmer hüpft. »Und bei dir?«

Was soll Finja jetzt sagen? Dass sie überhaupt nichts bekommen hat, weil ihre Mama in Hamburg ist und ihr Papa nur an seine Blockade denkt anstatt an Weihnachten?

»Genau, jetzt sag schon!«, ruft Sina von hinten. »Du hast mir immer noch nicht gesagt, was bei dir drin war!«

In dem Moment landet der Glitzerball auf Finjas Kopf. Au.

Alle lachen, auch Finja. Sie tut jedenfalls so, als würde sie lachen. In Wirklichkeit passiert in ihrem Kopf aber etwas ganz anderes. Vielleicht hat der Aufprall des Glitzerballs in Finjas Kopf einen Schalter umgelegt, einen Hebel in Gang gesetzt, eine Schraube gelockert?

Denn als Sina fragt: »Oder hast du gar nichts bekommen?«, antwortet Finja: »Natürlich hab ich was bekommen.«

»Und was?«

»Einen Glückskeks.«

»Die kriegst du doch dauernd«, sagt Lars, der neben Sina sitzt.

Das stimmt. Seit Papa seinen »großen Auftrag« bekommen hat, liegen bei Finja zu Hause die Glückskekse säckeweise herum. Finja nimmt sich für fast jede Pause welche mit, auch wenn die Dinger nur nach süßem Löschpapier schmecken. Aber momentan bekommt sie ja sowieso keine richtige Brotzeit, weil Papa – na ja.

»Es ist ein besonderer Glückskeks«, sagt Finja jetzt, »eine Spezialanfertigung, eigentlich geheim.«

Später weiß Finja nicht mehr, wie sie darauf gekommen ist. Sie ist sich nicht einmal sicher, ob SIE das gesagt hat oder vielleicht irgendeine andere Finja. Bisher hat sie nur in ihrem Kopf finjatisiert, aber jetzt müssen diese Kopf-Gedanken irgendwie raus, und vielleicht ist daran wirklich dieser verfluchte Glitzerball schuld.

»Erzähl!«, haucht Sina, und auch Tanni und Lars schauen jetzt gar nicht mehr dem roten Ball hinterher, sondern nur auf Finja.

»Also, es ist ein sprechender Glückskeks.«

»Waaaaas???«

»Ihr dürft es aber nicht weitersagen«, flüstert Finja, »wenn man den Glückskeks öffnet, hört man einen Spruch, man muss ihn nicht mehr selbst lesen.«

»Cool, lesen ist eh doof«, sagt Lars.

»Hast du ihn dabei?« Das fragt Anastasia. Irgendwie hat sie mitbekommen, dass es um Finjas Tisch herum etwas viel Interessanteres gibt als ihren Glitzerball, und da muss sie doch wissen, was das sein könnte.

»Ja! Zeig mal!«, sagt jetzt auch Sina.

»Das ist nicht möglich.«

»Wieso nicht?«

»Weil ihn mein Bruder aufgegessen hat.«

»Was???«

Finja wird ein wenig schwindlig, weil jetzt alle um sie herumhocken. Sogar Anastasia schaut sie an. Alle schauen sie an. Sie braucht jetzt eine Geschichte. Geschichten sind für Finja kein Problem. Sie sieht ganz genau vor sich, wie das war, heute Morgen. In der kleinen rosa Babysocke steckte ein Glückskeks. Erst dachte sie, o Mann, das ist doch nichts Besonderes. Sie war etwas enttäuscht und legte den Keks erst mal auf den Frühstückstisch. Da lagen noch andere Glückskekse, weil ihre Familie ja oft zum Frühstück Glückskekse isst.

Dann kam Papa und sagte mit so einem besonderen Grinsen: »Na, Finja, hast du deinen Adventskeks schon aufgemacht?« Finja schüttelte den Kopf, und Papa sagte: »Das solltest du aber, denn es ist ein besonderer Keks!«

Also öffnete Finja ihren Keks, aber als sie ihn in der Mitte durchbrach, war er wie alle anderen.

»Das ist der falsche!«, sagte Papa. »Meiner kann sprechen, wenn du ihn öffnest!«

Und in genau dem Augenblick sagte eine Stimme aus Mos Bauch: »Suche nicht nach Fehlern, suche nach Lösungen!«

»Waaaas?«, sagen Anastasia, Lars und Sina jetzt im Chor.

»Ja!« Finja grinst. »Weil Mo währenddessen sich MEINEN Keks geschnappt hat und ihn in einem Happs runtergeschluckt hat, versteht ihr. Es war ein Versehen. Und jetzt ist der Keks weg.«

Finja schaut in die schwer beeindruckten Gesichter ihrer Mitschüler.

»Und der Keks spricht jetzt immer noch in Mos Bauch?«

»Ja«, sagt Finja, »aber man hört ihn nur, wenn man ganz nah rangeht.«

»Cool!«, sagt Tanni, und Anastasia ist einfach nur sprachlos. Wahnsinn.

Man kann natürlich nicht seinen Freunden erzählen, dass der eigene Bruder einen sprechenden Glückskeks im Bauch hat, und dann erwarten, dass sie die Stimme im Bauch des Bruders nicht auch hören wollen. Deshalb nähert sich ein Trupp Zweitklässler in der Pause Mo. So schön es war, als am Morgen alle ihr zuhörten, jetzt möchte Finja, dass wieder Schluss ist damit. Können die ihre Geschichte nicht einfach vergessen? Können sie nicht. Mit viel Gekicher umschleichen Tanni, Sina, Anastasia und Lars Finjas Bruder.

Der hat noch nichts davon bemerkt, denn er macht das, was er fast jede Pause macht. Er sucht Nika. Aber nur mit den Augen und so unauffällig wie möglich. Aber Finja sieht es genau, und sie weiß ja auch, warum. Mo ist in Nika verliebt. In Nika aus der 4B. Das sind natürlich viele Jungs, denn Nika ist mit ihren schönen dunklen Haaren und den großen Augen nicht nur sehr hübsch, sondern tatsächlich auch noch sehr sportlich und sogar nett. So verliebt wie Mo ist aber sicher kein anderer, da ist Finja sich sicher. So unglücklich verliebt. Natürlich hat Mo versucht, die Sache vor Finja geheim zu halten. Aber so oft, wie er sich bei Finja über Nika erkundigt hat, da war der Fall ja klar.

Nika ist nämlich Finjas Patin. Als Finja in die erste Klasse kam, hat Nika ihr ein T-Shirt mit dem Schul-Logo überreicht und ihr die Schule gezeigt. Finja hat sich damals total gefreut, dass Nika ihre Patin wurde. Wenn Finja niemanden in der Pause zum Spielen hat, kann sie zu Nika gehen. Nika ist wirklich in Ordnung, und Finja versteht gar nicht, warum Mo sich nicht traut, sie einfach mal anzusprechen. Stattdessen schreibt er ihr dauernd Liebesbriefe, die er ihr dann aber nicht gibt, sondern zerreißt. Finja hat schon mehrere dieser Briefleichenteile gefunden.

Je länger Mo verliebt ist, desto weniger kann man mit ihm anfangen. Er wird immer mürrischer. Obwohl, am Sonntag vor einer Woche war er anders.

Das war der Tag, an dem Mama abgefahren ist. Da durfte Finja zu Mo ins Bett kriechen. Eine Weile sind sie nur so dagelegen. Dann hat Finja gefragt: »Was ist, wenn Mama auch zu Weihnachten nicht nach Hause darf?«

Denn kurz vor der Abreise hat Mama gesagt, dass es »für alle« besser wäre, wenn sie die Zeit, in der sie nicht sprechen darf, nicht zu Hause ist. Sie will nach der OP in ein Kloster gehen, das steht auf irgendeiner Nordseeinsel, und da schweigen alle.

»Passt also super!«, hat Mama geflüstert und dabei gegrinst, aber Finja hat ihr das Grinsen nicht abgenommen. Mama konnte sich noch so bemühen, seit ihre Stimme plötzlich weg war, war sie einfach nicht mehr die lustige Mama, die für alles eine Lösung hat. Eine flüsternde Mama mit dicken Sorgenfalten ist nicht lustig.

»In so einem Kloster kann ich mich viel besser erholen, und wenn alles gut läuft ...«

»Und das wird es«, hat Papa hinzugefügt.

»Wenn alles gut läuft, dann bin ich kurz vor Weihnachten wieder da. Nur singen werde ich noch nicht können, jedenfalls nicht das Oratorium.«

An der Stelle ist Mamas Flüsterstimme ganz verschwunden, und es hat eine schreckliche Stille geherrscht, bis Papa um Mama einen Arm gelegt und superfröhlich gerufen hat: »Jetzt mal kein Trübsal blasen, an Weihnachten sind wir alle wieder beisammen, und zur Not singe ICH euch ein Solo.« Dabei hat er gelacht, weil ja alle wissen, dass er immer total falsch singt, aber diesmal hat keiner mitgelacht.

Mama hat überhaupt nicht so ausgesehen, als wäre sie sich sicher, an Weihnachten wieder gesund zu sein, und deswegen fragte Finja Mo abends im Bett: »Was ist, wenn Mama auch zu Weihnachten nicht nach Hause darf?«

»Darf sie bestimmt«, hat Mo geantwortet, »sonst fahren wir alle zu ihr und feiern Weihnachten am Meer.«

»Ich mag aber zu Hause Weihnachten feiern!«, hat Finja gesagt. Da hat Mo ihr Otto in den Arm gedrückt, einfach so. Otto ist ein Otter, ein Kuscheltier, das Mo schon ganz lange hat. Das einzige Kuscheltier, das er noch im Bett hat. Kuschlig ist Otto eigentlich gar nicht mehr, aber es ist eine Ehre, ihn im Arm halten zu dürfen. So sind sie dann wieder eine Weile dagelegen, und Finja fand Mo einen richtig, richtig guten Bruder. Wie gut, dass ER wenigstens da war!

Nach einer Weile hat Mo geseufzt und geflüstert: »Du, Finja, die Nika, ähm, war die heute im Hort?«

»Ja, warum sprichst du sie denn nicht einfach mal an?«, hat Finja gesagt.

»Wieso?« Mo hat sein Gesicht zur Wand gedreht, aber Finja konnte sehen, dass seine Ohren ganz rot waren. Da hat ihr Mo richtig leidgetan, und deshalb wollte sie ihm helfen.

»Ich kann ja morgen in der Pause mit Nika spielen, und dann kommst du einfach dazu!«

»Nein! Wieso denn«, hat Mo gebrummt.

»Du magst sie doch, oder?«, hat Finja geflüstert.

»Nein!«, hat Mo gesagt und dann nach einer kleinen Weile: »Ja, schon, aber ich will nicht, dass sie das weiß!«

Das hat Finja nicht verstanden.

»Aber du willst doch was mit ihr machen, oder?«

»Wie, was machen?«

»Na irgendwas, was Schönes. Du willst doch mit ihr zusammen sein?«

»Hm«, hat Mo die Wand angebrummt. Es sollte wohl »Ja« heißen.

»Aber wenn du sie nie ansprichst, dann wird das nichts!«

»Das geht aber nicht, weil ...«

»Weil?«

»Weil sie dann ja weiß, dass ich, also dass ich sie eben mag.«

Das Verliebtsein, dachte Finja, ist echt kompliziert.

Sie wurde schläfrig und hörte gerade noch, wie Mo murmelte: »Es wäre viel besser, wenn sie MICH ansprechen würde«, da fielen ihr schon die Augen zu.

Am nächsten Morgen musste Finja Mo vier Mal schwören, niemandem zu verraten, dass, ja was?

»Dass ich Nika mag«, hat Mo gesagt, aber das »mag« war so vernuschelt, dass es auch »Quark« hätte heißen können. Aber natürlich wusste Finja Bescheid. Und deshalb schwor sie bei

Felix' Barthaaren, dass sie Mos Geheimnis niemals preisgeben würde. Sie fühlte sich sogar ein bisschen stolz und edel dabei. Wer teilt schon ein Geheimnis mit seinem großen Bruder?

Jetzt allerdings fühlt sie sich eher klein und miserabel, denn ihre Freunde ziehen den Kreis um ihren Bruder immer enger.

»Hörst du was?«, kichern sie und stupsen sich in die Seite.

Und da bekommt Tanni, natürlich Tanni!, diesen entschlossenen Ausdruck im Gesicht und flüstert: »Wartet mal!«

Sie läuft direkt auf Mo zu. Kurz vor ihm fängt sie an zu stolpern – aber total künstlich sieht das aus –, und dann lässt sie sich auf Mo fallen. Sie umarmt ihn und rutscht dann an seinem Oberkörper nach unten. An Mos Bauch angelangt, verharrt sie kurz und versucht zu lauschen. Die anderen brechen in lautes Gegacker aus. Nicht nur Finjas Freundinnen lachen, auch andere Kinder. Finja würde am liebsten weglaufen.

»He!«, ruft Mo und schaut auf Finjas feixende Freunde. »Spinnt ihr, oder was?«

»Geht's dir gut?«, fragt Tanni jetzt.

»Hä?«

»Hast du Bauchweh?«, ruft Sina.

»O Mann, Zweitklässler«, sagt Mo und wirft Finja einen genervten Blick zu. Genau in dem Moment stellt sich Nika dazu.

»Warum lacht ihr denn alle so?«

»Mos Bruder hat einen ...«

»Pssssst!«, zischt Finja und funkelt Lars an. Mo sieht Nika, wird knallrot und geht mit komischen steifen Schritten davon.

Kacke, denkt Finja.

Adventskalender haben nun mal 24 Türchen, und deshalb ist das Thema in der 2A noch lange nicht durch. Im Gegenteil! Jeden Morgen wollen die anderen jetzt wissen, was in Finjas Adventskalender war. Was soll sie tun? Sie muss finjatisieren. Am Dienstag bekommt sie einen Spitzer, der laufen kann, am Mittwoch eine Zahnbürste, die Musik macht, wenn man sie benutzt, und am Donnerstag einen viereckigen Flummi, der trotzdem hüpft. Das alles – wiederholt sie jeden Tag – sind geheime Spezialerfindungen von ihrem Papa, von denen sie eigentlich gar nicht erzählen darf. Die anderen müssen schwören, alles für sich zu behalten. Die anderen, das sind Sina, Tanni, Lars und Anastasia. Finja kann noch so spät in der Schule erscheinen, spätestens in der Brotzeitpause haben sich die vier um sie versammelt und wollen, dass sie erzählt. Das gemeinsame Teilen von Finjas Geheimnis schweißt sie zusammen. Es ist Lars, der auf die Idee kommt, einen Geheimclub zu gründen, und alle sind sofort einverstanden.

Wenn Finja in allen Einzelheiten von den supergeheimen Spezialerfindungen erzählt, vergisst sie fast, dass es diese gar nicht gibt. Was für ein schönes Gefühl, wenn die anderen an ihren Lippen hängen und wenn Sina ruft: »Mann, so einen Papa hätte ich auch gern!«

Sina weiß ja nicht, dass Finjas Papa seit Tagen überhaupt nichts erfunden hat, nicht einmal einen einzigen kleinen Glückskeksspruch.

»In meinem Kopf sind auch nur Spaghetti«, hat er gestern beim Essen gesagt.

Das war, nachdem Finja gefragt hat, ob er nicht mal was anderes als Spaghetti kochen könnte.

Papa hat die Gabel hingelegt, ist sich mit den Händen durch seine Haare gefahren und hat gerufen: »Diese verfluchte Blockade! Mir fällt einfach nichts mehr ein oder nur Schwachsinn. Und nicht nur das! Ich fürchte, dass die 98 Sprüche, die ich schon habe, auch alle miserabel sind, jedenfalls nicht originell. Dann denke ich wieder, egal, jetzt schreib ich einfach noch diese letzten 13, aber es geht nicht. Sobald ich vor diesem Bildschirm sitze, fangen die Spaghetti in meinem Kopf an, sich zu verwirren, zu verheddern und zu verknoten!«

Bei dem Wort »verknoten« zuckte Finja zusammen. Alle in ihrer Familie scheinen sich gerade zu verknoten, erst verknoten sich Mamas Stimmbänder und jetzt auch noch Papas Spaghetti.

Na ja, Mamas Knoten waren inzwischen weg. Die OP war gut verlaufen. Das hatte Mama ihnen per Mail mitgeteilt, sprechen konnte sie da ja nicht mehr. Alle waren nach dieser Mail erst mal ziemlich erleichtert. Sogar Papa war ein paar Stunden richtig gut drauf, aber dann hatte diese Blockade ihn wieder fest im Griff.

Nach dem Vortrag über die Spaghetti im Kopf wollte keiner

mehr Nudeln essen. Mo fragte in die Stille: »Wer mag einen Glückskeks zum Nachtisch?«

Da ist Papa aufgesprungen, hat mit den Händen Richtung Kekse gewedelt und gerufen: »Weg mit diesen Keksen! Ich kann sie nicht mehr sehen!« Flüsternd, geradezu beschwörend hat er hinzugefügt: »Und bitte: Niemand verwendet mehr dieses Wort mit G! Ich kann es nicht mehr hören und schon gar nicht lesen, mir wird schlecht dabei, es dreht sich mir der Magen um, bitte verschont mich mit diesem Wort!«

»Mit dem Wort ›Glück‹?«, hat Mo gefragt. Da hat Papa aufgejault und ist aus der Küche gerannt, als wäre ein Schwarm Hornissen hinter ihm her. Den restlichen Tag saß er dann wieder vor seinem Bildschirm.

Finja ist also momentan die wesentlich größere Erfinderin. Mitglied in einem Geheimclub wollte sie schon immer sein. Jetzt ist sie es. Und nicht nur das: Sie fühlt sich manchmal sogar wie die Club-Chefin! Sie ist jedenfalls eindeutig der Club-Mittelpunkt, wenn sie von den geheimen Spezialerfindungen erzählt. Finja, Sina, Tanni, Lars und Anastasia stecken jetzt in jeder Pause zusammen, so lustig war es sonst nie. Die anderen in der Klasse schauen dann neidisch zu ihnen herüber, und andere Kinder, die vorher nie viel mit Finja gesprochen haben, versuchen jetzt, in ihrer Nähe zu sein.

In solchen Momenten vergisst Finja ganz, dass Mama weg ist. Dass zu Hause ein blockierter Vater hockt und dass in der Wohnung kein einziger Adventskranz hängt, keine Plätzchendosen gefüllt werden und keine Nüsse geknackt. Dann ist Finja

richtig glücklich. Doch in dieses Glück mischt sich auch eine Prise Kummer, und sie bekommt dieses unangenehme Gefühl in ihrem Bauch. Darf man glücklich sein, wenn alles, weshalb man glücklich ist, auf einer Lüge beruht?

Und nicht nur dieser Gedanke nagt an Finja. Da ist auch noch Anastasia. Sie ist jetzt Finjas Freundin. Na ja, sie ist Teil des Clubs. Unter anderen Umständen hätte Finja das toll gefunden. Aber die Umstände sind nun mal, dass Anastasia plötzlich nicht mehr der Star ist, sondern Finja. Die Schätze, die Anastasia aus ihrem Adventskalender mitbringt, bekommen einfach nicht so viel Aufmerksamkeit wie Finjas finjatisierte Erfindungen.

Und deshalb fragt Anastasia immer wieder, beim laufenden Spitzer und bei der musizierenden Zahnbürste und erst recht beim eckigen Flummi: »Kannst du das nicht mal mitbringen?«

Immer lästiger werden diese Fragen, und immer öfter schaut

Finja statt auf ihr Arbeitsblatt auf irgendeine Stelle daneben und überlegt, wie sie dem allen ein Ende machen könnte. Aber immer wieder kommt sie zu dem Schluss, dass sie wohl bis Weihnachten durchhalten muss.

Doch am Donnerstag nach der Schule liegt die Rettung vor ihrer Haustür. Und zwar in Form zweier Pakete. An der schön geschwungenen Schrift sieht sie gleich, von wem und für wen sie sind.

»Mo!«, schreit sie und rennt in sein Zimmer. »Pakete von Mama!«

Sie reißen das Papier von dem einen Paket herunter, und da liegen zwei große schöne, wenn auch etwas verbeulte Schokoladenadventskalender vor ihnen. Dabei liegt eine Karte:

Liebe Finja, Lieber Mo,
die Kalender kommen leider etwas spät,
aber ich hoffe, meine Nikolaussäckchen
schaffen es noch rechtzeitig. Ich habe beides
noch hier in Hamburg gekauft. In ein paar Stunden
geht mein Schiff auf die Insel. Ich bin froh, dass die
OP so gut verlaufen ist. Jetzt muss ich mich nur noch
richtig auskurieren. Geht es euch gut?
Ich vermisse euch sehr! Aber es wird umso schöner
sein, wenn wir wieder alle zusammen sind.
seid fest umarmt ♡   eure
      (nur vorübergehend sprachlose) Mama ♡

Nikolaussäckchen? Finja reißt das zweite Paket auf, und zwei Rupfensäckchen
fallen heraus. Sie haben eine rote
Schleife und Sterne vorne drauf.
Morgen ist der 6. Dezember. Mama
hat an den Nikolaus gedacht! Finja
durchwabert wohlige Wärme. Diesmal wird
sie sich nichts Verrücktes ausdenken müssen,
diesmal kann sie einfach erzählen, was sie bekommen hat.

Aber sie kann unmöglich bis morgen warten, um ihr Säckchen zu öffnen. Kurz schaut sie durch die Küchentür zu Papas
Arbeitszimmer. Dort rührt sich nichts. Vielleicht ist Papa vor
seinem Bildschirm versteinert. Egal. Finja zieht die rote Schleife auf. Im Säckchen sind Nüsse, ein kleiner Schokoladen-Niko-
laus, ein kleiner Block mit Pferde-Aufklebern, Gummibärchen
und: ein Engel. Ein wunderschöner Schokoladenengel. Er lächelt und hat rote Bäckchen. Den wird sie morgen in die Schule mitnehmen!

Mo hat indessen begonnen, die ersten fünf Fenster des zer-
beulten Adventskalenders zu öffnen und die Schokolade, die
darin ist, aufzufuttern. Das macht Finja ihm jetzt nach. Finja
liebt das knackende Geräusch von Schokolade. Sie liebt Schokolade überhaupt, genau wie Papa. Sie weiß gar nicht, was besser
ist: wenn man erst auf ihr herumbeißt und es knackt oder wenn
man dann den Schokoladenbrei im Mund zerdrückt.

»Schokolade macht glücklich. Das ist wissenschaftlich be-
wiesen«, sagt Papa immer, und Mama klopft dann auf seinen
Buddha-Bauch und sagt: »Und eine gute Figur!«

Das ist so einer von ihren Witzen. Finja geht es mit der Schokolade im Mund auch wirklich gut, aber ihren Engel wird sie nicht anrühren!

»Du könntest Nika ja was zum Nikolaus schenken«, schlägt Finja in ihrem Überschwang vor. Mo schaut nämlich schon wieder so mürrisch und stopft die Schokolade in sich hinein, als hätte er zehn Tage lang nichts gegessen.

»Hmpf«, sagt er bloß. Da nimmt Finja ihren Kalender und das Nikolaussäckchen und verschwindet in ihrem Zimmer. Sie schleckt sich die Finger ab, dann geht sie zu Felix, hebt ihn aus seinem Käfig und streichelt über sein braun-weißes Fell. »Heute ist ein richtig guter Tag«, flüstert sie ihm ins Ohr.

Liebe Mama,

vielen Dank für die Pakete! Der Engel ist ganz toll! Ich nehme ihn morgen mit in die Schule und zeig ihm den anderen. Ich freue mich so! Die Schokolade schmeckt auch gut. Zum Glück ist deine OP gut gelaufen.
Viele Grüße!   Finja

PS: Morgen putze ich Felix' Käfig. Versprochen!

*Rüdi hat heute vortrefflich geschlafen, und so nörgelt er auch
nicht über die Regentropfen, die auf seine glänzende Schnauze
fallen. Nein, Rüdi ist glücklich, na ja, was sollte ein Glücksschwein auch anderes sein. Doch auf einmal zwickt und zwackt
es ganz grässlich in seiner Schnauze, und auch in seinem Hals
macht sich ein dumpfes Gefühl breit. Keine Frage, hier naht
Unglück. Glücksschweine spüren so was wie Trüffelschweine den
Trüffel. Und da sieht Rüdi auch schon den Unglückspilz. Es ist
ein Mädchen mit braunen Locken. Auweia, dem geht's aber echt
dreckig. Die braucht dringend etwas Schwein!*

Finja weiß überhaupt nicht, wie sie in die Schule gehen soll.
Wie soll sie den anderen gegenübertreten? Wie soll sie den ganzen unendlich langen Schultag zwischen all den anderen sitzen? Sie kann heute nicht mehr finjatisieren. Sie kann überhaupt nichts mehr, es ist ein Wunder, dass sie jetzt hier gerade
einen Fuß vor den anderen setzt. Dies ist der allerschrecklichs-
te Morgen in ihrem Leben. Sie war so fröhlich aufgestanden, sie
war so fröhlich in die Küche gehüpft, schon fix und fertig angezogen, und da stand ihr Engel auf dem Küchentisch – geköpft.
Nur noch ein hoher Stumpf stand da, das grüne Zellophanpa-
pier heruntergerissen.

Finja hat so laut »Mo!« geschrien, wie sie es noch nie in ihrem Leben getan hat.

Aber Mo war überhaupt nicht der Henker gewesen. Nein! Das wäre schlimm gewesen, sehr schlimm, aber nicht so schlimm, wie es war, als Papa im Türrahmen stand, mit halb geöffneten Augen, und dieses verfluchte »Sorry, Mäuschen, ich hab dringend Nervennahrung gebraucht« sagte.

Wie er da so stand, so völlig verpennt und verschwurbelt. Er hat auch noch gegähnt und überhaupt nicht bemerkt, WAS er da getan hat. Wie konnte er IHREN Nikolaus-Engel auffressen? Er selbst kümmert sich um gar nichts, und dann stopft er sich auch noch Finjas Schokolade in den Mund? Ihren Engel, den Mama geschickt hat!? Finja ist so wütend geworden! Und es tut ihr überhaupt nicht leid, was sie alles an hässlichen Worten Papa entgegengeschleudert hat. Auch nicht, wenn sie jetzt wieder sein Gesicht vor sich sieht – wie er plötzlich ganz große Augen bekam und gar nicht mehr schlurfig im Türrahmen stand, sondern sich immer wieder entschuldigte. Nein! Das wird sie ihm nie, nie, niemals verzeihen! Sie wollte endlich den anderen mal die Wahrheit erzählen, sie wollte den Engel mit in die Schule nehmen, und jetzt? Finja wischt sich mit dem Ärmel über die Augen, weil sie jetzt doch heulen muss. Und genau in dem Moment sieht sie das Rathausschwein. Blödes Schwein, denkt Finja. Als ob es etwas bringen könnte, einem Bronzeschwein über die Schnauze zu fahren. Mama macht das immer. Mama! Mama muss sofort zurückkommen. Sofort!

»Was ist los?«, sagt Tanni. »Bist du krank?«

Finja sitzt auf ihrem Platz und starrt vor sich hin. Sie fürchtet sich vor dem, was jetzt gleich kommen wird.

»Nein«, murrt sie.

Und da kommt es schon.

»Was hast du zum Nikolaus gekriegt? Auch eine Spezialerfindung?«

»Nein«, sagt Finja und schaut immer noch vor sich hin.

»Schaut mal«, sagt Anastasia und linst immer wieder zu Finja hinüber.

»O süüüüß!«, kreischt Sina. »War der in deinem Nikolaussäckchen?«

»In meinem Stiefel«, sagt Anastasia.

Finja guckt jetzt doch zu Anastasia hinüber. Und da fährt ihr irgendetwas ganz Fürchterliches in den Bauch. Anastasia hält einen Schokoladenengel in den Händen, fast genau den gleichen, den Finja bekommen hat. Er ist nur noch etwas größer, und sein Kleid ist rot und nicht grün.

»Krieg ich 'n Stück?«, sagt Lars, und Anastasia ruft empört: »Niemals! Den werde ich niemals essen. Der ist viel zu schön!«

41

»Na?«, sagt sie dann zu Finja, und dieses »Na« klingt lauernd und fies. »Na? Und was hast du heute bekommen? Einen sprechenden Schokonikolaus?«

»Nein«, knurrt Finja.

»Was dann?«, fragt Lars, und schon wieder schauen alle auf Finja.

»Auch so einen Engel«, flüstert die.

»Waaaaaas?«, kreischt Anastasia. »Das glaub ich dir nicht. Hast du ihn dabei?«

»Nein«, sagt Finja.

»Und warum nicht? Wenn es so ein Schokoengel ist, wie ich ihn habe, dann kann er ja wohl keine Geheimerfindung von deinem Papa sein!« Anastasia triumphiert wie eine Detektivin, die soeben den Mörder gefunden und den Fall gelöst hat.

»War auch keine Spezialerfindung«, sagt Finja leise.

»Dann zeigst du ihn uns morgen!«

»Geht nicht.«

»Und warum geht das diesmal nicht?«

Stille. Finja fühlt sich wie von einem Haufen Geier umzingelt, die immer näher rücken.

»Also warum nicht?«, nervt Anastasia.

»Weil mein Papa ihn aufgegessen hat.«

Lars lacht, Sina kreischt, Tanni schüttelt den Kopf, und Anastasia sagt: »Dein Bruder frisst deinen Glückskeks auf und dein Papa deinen Schokoengel. Was seid ihr denn für eine Familie?«

Finja starrt Anastasia wütend an.

»Weißt du was, ich glaub dir kein Wort!« Anastasia verschränkt die Arme vor der Brust. Der Fall ist abgeschlossen.

»Das stimmt aber!«, sagt Finja und blickt in Anastasias funkelnde Augen.

»Und was war in deinem Adventskalender?«, fragt Tanni.

»Den hab ich gar nicht aufgemacht, weil ich so sauer war, dass Papa meinen Engel gefressen hat!«, sagt Finja, und auch das ist die Wahrheit. Sie ist ja gleich, nachdem sie Papa angeschrien hat, aus dem Haus gerannt.

»Ich will jetzt endlich mal Beweise sehen«, sagt Anastasia, »sonst glaub ich dir gar nichts mehr!«

»Aber ...«, sagt Finja.

»Nichts ›aber‹, am Montag bringst du uns eine von diesen Spezialerfindungen mit, und wenn nicht ...« Anastasia stockt kurz. »Wenn nicht, ruf ich deinen Papa an und frag ihn einfach danach.«

Genau in dem Moment läutet es, als hätte Anastasia auf einen Knopf gedrückt, um ihrer Drohung noch mehr Nachdruck zu verleihen.

Der Schultag vergeht im Schneckentempo, und als hätte Finja nicht schon ihre Portion Unglück gehabt, gibt ihr Frau Reis auch noch einen Mathetest zurück, in dem so ziemlich alles rot ist. In der Pause nimmt sie Finja beiseite und redet auf sie ein. »Hausaufgaben oft vergessen«, »verträumt«, »mit den Gedanken woanders«, »mehr anstrengen«. An Finja rauschen Frau Reis' Worte vorbei wie ein grüner Fluss. Wenn dieser Schultag nur endlich zu Ende ginge!

Liebe Mama,

mir geht es ganz schlecht. Ich weiß gar nicht,
was ich machen soll. Papa hat mir keinen Adventskalender gemacht. Und deiner kam zu spät.
Alle anderen hatten einen und da habe ich erfunden,
dass ich was ganz besonders Tolles bekommen habe.
Ich musste dann immer weiter erfinden. Jetzt
will Anastasia Beweise sehen. Am Montag. Aber
ich kann doch nicht die Wahrheit sagen!
Papa hat den Engel gegessen, den du mir geschickt
hast. Er hat immer noch die blöde Blockade und
Spaghetti im Kopf. Ich mag nicht mehr mit ihm
wohnen. Es gibt dauernd Nudeln und keine Plätzchen.
Hier geht alles schief. Es ist auch total unordentlich
überall. Ich brauche dich dringend. Bitte komm
ganz schnell nach Hause!

Deine Finja

Auf dem Papier sieht man einige Tränentropfen. So einen langen Brief hat Finja noch nie geschrieben. Jetzt braucht sie nur
noch Mamas Adresse. Dazu muss sie mit Papa reden. Aber das

geht nicht. Sie will nie wieder mit ihm sprechen. Sie muss Mo bitten, dass er es macht. Aber der ist noch nicht da.

Das Telefon klingelt. Finja ist das egal, soll Papa doch drangehen. Wenn sie den Brief heute noch abschickt, vielleicht ist Mama dann schon am Sonntag zu Hause, und dann kann sie ihr sagen, was sie am Montag machen soll. Das Telefon klingelt immer noch. Ich geh nicht dran, denkt Finja. Aber dann zischt ein Gedanke in ihr hoch: Vielleicht ist es Anastasia!

Sie rennt zum Telefon.

Aber jetzt ist Papa doch aus seinem Arbeitszimmer herausgekommen und ergreift vor ihr den Hörer.

»Ja?«

Er lächelt Finja zu, aber sie lächelt nicht zurück. Sie hält den Atem an. Ist es Anastasia?

»Herr Seeger, hallo«, sagt Papa, und Finja atmet erleichtert aus. Papa redet am Telefon, und da kommt Finja eine Idee. Vielleicht findet sie Mamas Adresse in Papas Arbeitszimmer. Dann muss sie nicht auf Mo warten und Papa auch nicht fragen. Während Papa ihr den Rücken zudreht, verschwindet sie also in seinem Zimmer. Gleich als sie eintritt, fällt ihr auf, dass irgendetwas nicht stimmt. Der Bildschirm sieht anders aus als sonst! Da steht eine ganze Menge Text. Hat sich Papas Blockade etwa gelöst? Aber als Finja genauer hinsieht, merkt sie, dass dort keine Glückssprüche stehen, nein, da steht alles andere als Glück. Auf Papas Bildschirm ist eine E-Mail von Mama.

Lieber Renus,
ich muss mich ein bisschen beeilen, denn ich darf das Internet
hier im Kloster nur kurz benutzen. Stell dir vor: Ich musste beim
Einchecken mein Handy abgeben. Hier herrscht absolutes Handy-
verbot. Die meisten Gäste kommen wegen Burn-out, deswegen.
Ich musste richtig betteln (und das, ohne zu sprechen!), damit ich
dir diese eine Mail schreiben kann. Jetzt weißt du, warum ich
mich bisher nicht gemeldet habe. Wir können uns Briefe schreiben, aber das Postschiff kommt nur einmal die Woche! Wenn es
nur das wäre: Ich mache mir immer noch so viele Sorgen. Auch
wenn die OP gut war, der Arzt meinte, dass er mir nicht versprechen kann, dass meine Stimme wieder so wird wie früher. Das
Allerwichtigste sei jetzt, dass ich mich gut erhole. Aber das sagt
der so leicht. Kommt ihr ohne mich klar? Jetzt steht schon die
Klosterschwester in der Tür. Ich muss aufhören. Es hat keinen
Zweck, mir per Mail zu antworten. Das leiten sie nicht weiter.
Grüß mir die Kleinen, seid alle fest umarmt!
Hanna

»Finja!«, sagt Papa und legt plötzlich eine Hand auf ihre Schulter. Finja dreht sich weg und läuft in ihr Zimmer. Die Tür sperrt sie ab. Dann zerreißt sie ihren Brief und steckt die Fetzen in ihre Hosentasche. Einer unglücklichen Mama, die sich erholen muss und sich dauernd Sorgen macht, kann sie diesen Brief nicht schicken. Noch eine Hose, die kleine weiße Papierkügelchen in der Waschmaschine hinterlassen wird.

Es ist Samstag, und Finja möchte nicht aufwachen. Aber sie kann es einfach nicht länger verhindern. Sie mummelt sich dick in ihre Bettdecke ein, im Hintergrund hört sie Felix in seinem Käfig scharren. Finja muss dringend aufs Klo, aber sie will nicht aufstehen. Sie will das ganze Wochenende im Bett bleiben und am besten die ganze nächste Woche auch. In der Küche ist Geklapper. Sie hat immer noch kein Wort mit ihrem Papa geredet, und sie will ihn auch überhaupt nicht sehen. Doch irgendwann muss sie einfach aufs Klo. Als sie aus der Toilette kommt, nimmt Papa sie an der Hand und zieht sie in die Küche.

»Schau mal, ich hab uns Frühstück gemacht und ....« – Papa seufzt lang und tief – »ich hab leider nirgendwo den Engel gefunden, den ich, na, du weißt schon, aber vielleicht tut's der hier auch?«

Auf Finjas Platz steht ein großer Schokoladennikolaus. Er sieht sehr edel aus und hat auf seinem Mantel bunte Perlen kleben. Von seinem Rücken aber gehen zwei große Flügel aus Pappkarton weg. Einer hängt etwas schief. Papa hat sie mit Tesafilm festgeklebt.

»Bitte schön, ein Engolaus, nur für dich von deinem trotteligen Papa.«

Finja schaut auf den Engel und auf den Frühstückstisch. Da

stehen Croissants und Brezen und Marmelade und Schinken. Sogar eine Blume hat Papa gekauft und in eine Vase gestellt.

»Setz dich doch«, sagt Papa und rückt etwas ungeschickt ihren Stuhl vom Tisch. Dabei wäre die kleine Vase beinahe umgefallen.

Mo sitzt schon auf seinem Platz und sagt: »Jetzt mach schon, Finja, ich hab Hunger.«

Finja lässt sich auf ihren Platz sinken. Aber sie will nicht lächeln.

Papa setzt sich auch und räuspert sich. »Also, wie wär's, wenn wir heute alle zusammen was Schönes unternehmen?«

Auf die Idee ist Papa, seit Mama weg ist, noch nie gekommen. Er muss ein ganz schön schlechtes Gewissen haben. Bestimmt ist es wegen Mamas Mail.

Finja sagt nichts. Mo sagt, dass er am Nachmittag mit Severin verabredet ist.

»Ach so«, sagt Papa, »na gut, dann machen wir zwei eben was Schönes. Hm? Finja?«

Finja starrt auf ihren Teller. Mo stopft sich bereits ein Croissant in den Mund.

»Also, was könnten wir machen«, redet Papa weiter und fährt sich mit den Händen durch die Haare, sodass sie in alle Richtungen abstehen. »Wir gehen in den Zoo oder zum Schlittschuhlaufen?«

Finja sagt nichts.

»Na ja, bei dem Regen vielleicht nicht so toll. Wir könnten in ein Museum gehen?«

Papa schaut immer wieder Finja an, aber die schaut nur ihren leeren Teller an. In ihrem Bauch grummelt es ein bisschen. Sie hat eigentlich richtig Hunger. Aber sie will sich noch nicht geschlagen geben.

»Jetzt komm schon, Finja!« Papa heult übertrieben auf. »Lass mich nicht so hängen! Ich schwöre, nie wieder ein einziges Stückchen Schokolade anzurühren, jedenfalls nicht bis Weihnachten, okay?«

Das ist schon ein großes Versprechen für einen Papa, der Schokolade und überhaupt alles, was süß ist, so mag. Am Ende wird er bis Weihnachten noch dünn!

Mo sagt mit vollem Mund: »Ihr könntet einen Adventskranz kaufen gehen. Morgen ist der 2. Advent.«

»Was!«, schreit Papa. »Schon der zweite? O Mann, natürlich, das machen wir, wir kaufen einen Adventsdings, auf dem Weihnachtsmarkt. Was, Finja?

Und du bekommst tütenweise gebrannte Mandeln und ich keine einzige und Magenbrot und diese pappsüßen roten Äpfel und ich höchstens einen sauren Hering. Na, abgemacht?«

Da muss Finja doch ein kleines bisschen lächeln, obwohl sie eigentlich gar nicht will. Es geht auch nur ein Mundwinkel nach oben. Aber der Gedanke an den Weihnachtsmarkt ist einfach zu verlockend. Sie könnten auch Weihnachtsdekoration kaufen und Tannenzweige, und außerdem liebt Finja gebrannte Mandeln.

»Jucheeeeiiiii!«, schreit Papa, als er Finjas Lächeln sieht. »Das machen wir! Und jetzt mal zugelangt, bevor Mo uns alle Croissants wegfrisst. Oder ...«, – Papa macht eine erschrockene Pause – »steht in meinem Büßerplan, dass ich auch kein Croissant essen darf?«

Da geht auch noch der andere Mundwinkel in Finjas Gesicht nach oben. So lustig war Papa schon lange nicht mehr. Jetzt ist er so, wie er ist, wenn Mama da ist.

»Ist Mama an Weihnachten wieder da?«, fragt sie.

Papa fährt sich wieder mit der Hand durch die Haare. »Ja, bestimmt! Sie muss sich jetzt nur einfach richtig gut erholen.«

»Und was bedeutet Burn-out?«, fragt Finja.

»Burn-out heißt so viel wie ausgebrannt. Das sind Leute, die zu viel gearbeitet haben und dann irgendwann gar nichts mehr auf die Reihe kriegen. Die brauchen vor allem Ruhe.«

Was die Erwachsenen alles kriegen können, denkt Finja. Sie verknoten oder verheddern sich oder brennen aus.

»Meinst du, Mama kann irgendwann wieder singen?«

»Bestimmt, sicher, klar. Ich denke schon«, sagt Papa. »Mit ein bisschen Gl-uaaaaa!« Er würgt. Wie er jetzt die Augen verdreht, muss Finja wieder lächeln. Sie stellt sich das rüsslige Blockadenmonster vor und sich selbst, wie sie ihm eine Grimasse schneidet. Ätsch, bätsch!

Nichts geht doch über einen Samstagmorgen, denkt Rüdi.
Schon wieder streicht ihm jemand über die goldene Schnauze.
Hmmmm, wunderbar! Weiter so! Manchmal stehen die Leute
richtig Schlange, um ihn zu berühren. Gerade jetzt, wenn der
Weihnachtsmarkt geöffnet ist, bekommt er quasi eine
Dauermassage. Saugut, kann man da nur sagen. Und was es
gleichzeitig nicht alles zu sehen gibt. Die vielen Regenschirme
verdecken zwar etwas die Sicht, aber trotzdem. Nicht weit von
ihm entfernt ist ein Stand mit Weihnachtsdekoration, daneben
brutzeln Würste auf dem Grill. Rüdi mag es, wenn was los ist,
und unmerklich wippt seine Schnauze fröhlich im Takt zu
»Fröh-hö-liche Weih-nacht über-all!«.

Finja und Papa haben schon Lebensmittel im Supermarkt gekauft, als sie sich auf den Weg zum Rathausplatz machen. Von
Weitem hören sie die Musik.

»Ganz schön viel los«, sagt Papa, als sie am Rathaus vorbeigehen. Finja riecht den Duft der Bratwürste und überlegt, ob sie
nicht erst eine Wurst und dann die gebrannten Mandeln essen
sollte.

»Haaaalt«, sagt Papa und macht plötzlich kehrt. »Ich hol mir
noch 'ne Portion Na-du-weißt-schon-was.« Er deutet mit dem

Kopf auf das Bronzeschwein vor der Rathausmauer. »Also ich kann etwas Gl-pfuibäh auf alle Fälle gut gebrauchen. Vielleicht löst das Schwein meine Blockade?«, murmelt Papa.

Er muss ein bisschen warten, denn vor ihm streicht eine rothaarige Frau über Rüdis Schnauze. Sie streichelt das Schwein richtig und kann gar nicht mehr aufhören. Finja sieht sie nur von hinten. Würde sie sie von vorne sehen, fielen ihr sicher die langen rot lackierten Fingernägel der Frau auf. Was macht sie nur so lang an diesem Schwein? Endlich ist Papa dran. Er klopft dem Schwein dreimal beherzt auf den Rüssel. So, als wäre der eine Tür zum Glück, an die man nur klopfen müsste.

Finja schüttelt den Kopf, ihr Papa ist und bleibt ein Kindskopf. Und jetzt ist sie sich doch sicher, dass sie lieber gleich gebrannte Mandeln will. Von irgendwo tönt »O du selige«, und Finja entdeckt in dem Gewühl einen Stand mit Tannenzweigen und Adventskränzen.

Auch Papa sieht jetzt den Stand und ruft »Attackeeeee!«.

Aber genau in dem Moment sieht Finja eine rosa Glitzermütze mit rotem Bommel, und sie packt Papas Hand.

»Ich will nicht mehr auf den Weihnachtsmarkt«, sagt sie und versucht, Papa in die andere Richtung zu zerren.

»Was? Wieso?«

»Ich mag nicht auf den Weihnachtmarkt. Ich mag sofort nach Hause.«

»Aber wieso denn, wir sind doch gerade erst – hä?«

»Mir ist schlecht«, sagt Finja, »ich will nach Hause.«

»So plötzlich?«

»Ja, schnell, komm!« Finja schaut so finster und zieht Papa so energisch in die andere Richtung, dass der schließlich kopfschüttelnd nachgibt. Papa kann ja nicht wissen, dass unter dieser rosa Glitzermütze Anastasias Kopf steckt und dass Finja auf jeden Fall verhindern muss, dass Anastasia sie mit ihrem Papa trifft. Denn, da ist sich Finja ganz sicher, sie würde Papa sofort nach den Spezialerfindungen fragen, da hat sie noch so oft schwören können, dass dies ihr Geheimclub-Geheimnis ist.

Und so gibt es in Finjas Wohnung wieder keinen Adventskranz und auch keine Weihnachtsdeko, und mit der gelösten Stimmung ist es auch vorbei.

Obwohl Papa zum Mittagessen keine Nudeln macht, sondern Pizza, hat Finja gar keinen Appetit. Nach dem Essen will sie nur noch fernsehen. Aber sosehr sie es auch versucht, die Gedanken an Montag lassen sich einfach nicht verdrängen. Bei der ersten Folge ihrer Lieblingsserie gelingt es Finja noch, sich auf die Handlung zu konzentrieren, aber schon bei der zweiten kehren die Sorgen zurück. Wie schwarze Krähen, die man vom Feld vertreibt, die aber immer wiederkommen, sich in einer anderen Ecke niederlassen und mit ihren Schnäbeln in die Erde picken. Papa hat sich anfangs noch zu Finja aufs Sofa gesetzt, aber dann verkrümelt er sich doch wieder in sein Arbeitszimmer.

Als Finja aufsteht und durch die Wohnung geht, sieht sie, wie dort ein zerknülltes Papier zu Boden fällt. Auf dem Boden liegen schon ziemlich viele zerknüllte Papiere. Wie in einem Meer aus kleinen Papierwolken steht mittendrin Papas Schreibtischstuhl mit dem gekrümmten Papa darauf.

Finja bekommt jetzt doch Hunger. Vielleicht ist noch ein Croissant übrig? Sie wühlt ein bisschen herum und findet eine angebrochene Packung Schokolade. Die braucht sie jetzt. Mit ihrer Beute verkriecht sie sich in ihrem Zimmer. Die Schokolade hält ihr Versprechen. Finja geht es schon viel besser. Sie schiebt Felix ein Salatblatt zu, macht den Käfigdeckel auf und streicht ihm über den Rücken. Dann braucht sie noch ein Stückchen Schokolade. Als die ganze Tafel weg ist, ist auch das kleine Glücksgefühl verschwunden. Jetzt ist Finja eher schlecht, und die Verzweiflung darüber, was sie am Montag tun soll, kommt mit voller Wucht zurück. Kurz überlegt sie, ob sie Papa alles sagen soll. Aber würde Papa für sie lügen? Würde er Anastasia die Unwahrheit erzählen, wenn sie ihn anruft? Würde er sich als Spezialeffekte-Erfinder ausgeben?

Finja schleicht zu Papas Arbeitszimmer. Die Tür ist einen Spalt offen. Sie will sie gerade aufschieben, als Papa mit einem schrecklichen Wutheuler ein Papier vor sich zusammenknüllt und derart wütend nach hinten wirft, dass es keine dreißig Zentimeter vor Finja zu Boden fällt, zu all den anderen Papierwolken, die dort schon liegen. Nein, da ist Finja sich sicher, von Papa ist nichts zu erwarten. Die Blockade hat ihn wieder fest im Griff. Ein Papa mit verhedderten Spaghetti im Kopf ist keine Hilfe. Was soll sie bloß tun? Warum hat sie nur mit dieser Adventskalendergeschichte angefangen?

Wieder in ihrem Zimmer, fällt Finjas Blick auf den kleinen Papierstreifen, den sie an die Wand neben ihren Schreibtisch geklebt hat. Es ist der Zettel, der in ihrem Glückskeks war, als Papa seinen »großen Auftrag« verkündete: Suche nicht nach Fehlern, suche nach Lösungen. Finja braucht jetzt auch eine Lösung. Dringend. Und die Lösung kann nur eine sein: Flucht nach vorn. Sie muss etwas finden, das sie am Montag den anderen zeigen kann. Irgendetwas Verrücktes, Tolles, Ungewöhnliches. Das ist die Lösung! Sie muss sich etwas einfallen lassen. Finja durchwühlt alle ihre Schubladen. Ist da nicht irgendwo irgendwas Tolles, das sie vielleicht vergessen hat? Aber alles, was ihr in die Hände fällt, ist ganz normal und gewöhnlich. Nichts davon spricht oder macht auf geheimnisvolle Weise Musik. Alle ihre Flummis sind rund und nicht eckig.

Aber vielleicht wird sie ja in Mos Zimmer fündig?

Gut, dass ihr Bruder nicht da ist. Finja durchforstet Mos Schrank. Nichts. Sie sieht in seinen Schubladen nach. Dort liegen nur Stifte und Spitzer und Krimskrams und Zettel. »Liebe Nika« steht darauf oder »Meine liebe Nika« oder »Hallo Nika«. Dann kommt nichts mehr, also kein Text, höchstens Gekritzel. Manche Briefe sind auch durchlöchert und die meisten zerknüllt. Armer Mo! Finja findet noch einsame Socken, Taschentücher, Gummiringe, halbe Müsliriegel und Kaugummipackungen, alles unbrauchbar. Im Regal stehen Mos Autos und der kleine Modellhubschrauber, den er zum Geburtstag bekommen hat. Sein Heiligtum. Schade, dass er so klein ist. Denn wenn er größer wäre, dann würde Finja jetzt einsteigen und zu Mama fliegen, auf diese Insel. Finja hört das Rattern der Rotorblätter und sieht weit unter sich Rüdlingen immer kleiner und kleiner werden. Dann dreht sie ab, und los geht's, Richtung Nordsee. Ein Vogelschwarm fliegt an ihr vorbei, es sind schwarze Krähen, und Finja lässt sie weit hinter sich. Bald hört auch der Regen auf, und Schneeflocken tanzen um Finjas Hubschrauber, gleich wird sie mitten im Klostergarten landen und Mama sehen. Und dann bleibt sie einfach bei ihr und pflegt sie gesund, bis Weihnachten. Und dann ist auch …

»Was machst du da?«

Finja schreckt hoch. Mo hat die Hände in die Hüften gestützt und schaut Finja wütend an.

»Leg den sofort wieder zurück!«

Finja starrt auf den Hubschrauber, den sie in ihren Händen hält. Und da passiert etwas Merkwürdiges. Sie hat die Lösung!

»Ich hab's!«, sagt sie und strahlt Mo plötzlich an. »Jetzt weiß ich, was ich mache, aber du musst mir helfen!«

Vorsichtig stellt sie den Hubschrauber zurück ins Regal.

»Hä?«, sagt Mo nur.

Finja holt tief Luft, dann sagt sie: »Wenn ich dir ein Geheimnis erzähle, schwörst du, dass du es für dich behältst?«

»Was'n für ein Geheimnis?«

»Schwöre!«

»Also gut, ich schwöre!«, sagt Mo lässig und recht desinteressiert. Na ja, vielleicht tut er auch nur so.

»Schwöre es bei Nikas dunklen Haaren!«

»Was soll das denn?«, sagt Mo mürrisch. Aber dann schwört er doch noch einmal, und jetzt ist der Moment gekommen, in dem Finja ihrem Bruder die Sache mit dem Adventskalender erzählt.

»Warum denkst du dir nur immer solche Sachen aus?«, sagt Mo am Ende.

»Es ist eben einfach so passiert!«, knurrt Finja. »Aber jetzt kann ich die Sache regeln! Und du musst mir helfen.«

»Und wie?«

Finja legt Mo jetzt haarklein ihren Plan auseinander, und Mo schüttelt immer wieder den Kopf.

»Da mach ich nicht mit!«, sagt er. »Das wird nicht funktionieren«, sagt er und »auf keinen Fall«.

»Außerdem ist mein Hubschrauber viel zu wertvoll.«

Finja versucht es mit Bitten und Betteln. Sie bietet ihm ihr Taschengeld an, Gummibärchen, sogar drei Minions aus ihrer Sammlung. Mo schüttelt den Kopf. Das darf doch nicht wahr sein! Jetzt hat sie endlich eine Lösung gefunden, und ihr dummer Bruder will ihr nicht helfen?! Finja überlegt verbissen hin und her. Kann sie die Sache allein durchziehen? Nein! Kann sie sich einen anderen Verbündeten holen? Nein! Sie braucht ihren Bruder, verflixt noch mal. Wie kann sie ihn nur überzeugen? Ha! Jetzt hat sie's.

»Und wenn es mir gelingt, Nika dazu zu bringen, dich anzusprechen?«

»Und wie willst du das machen?«

»Ich überleg mir was.«

»Du gehst nicht zu ihr hin und sagst ›Sprich doch mal meinen Bruder an‹.«

»Natürlich nicht.«

»Du sagst ihr auf gar keinen Fall, dass ich sie, also dass ich sie ...«

»Ist schon klar.«

»Wie willst du das denn schaffen?«

»Suche nicht nach Fehlern, suche nach Lösungen«, sagt Finja und verschwindet in ihrem Zimmer.

*Grmpf! Schon wieder halb acht? Diese verfluchten Montag-
morgen! Gerade hat Rüdi noch so angenehm von den vielen
Streicheleinheiten vom Wochenende geträumt, und jetzt wird
er schon wieder vom morgendlichen Schulkindergeschrei aus
dem Schlaf gerissen. Von denen ist ja kaum etwas zu erwarten!
Höchstens, dass mal ein Viertklässler vor einem Mathetest über
seine Schnauze streicht. Grmpf! Mürrisch und mit sehr kleinen
Schweinsäuglein starrt Rüdi die Horde an. Kein Schwein
interessiert sich für ihn.*

»Es muss klappen, es muss klappen, es muss klappen«, wum-
mert es in Finjas Kopf. Ihre Schritte schlagen den Takt dazu. In
ihrer Hand ist die Tüte mit der Spezialerfindung.

»Sollen wir noch mal alles durchsprechen?«

Mo schlurft neben ihr her.

»Nein! Das haben wir jetzt schon fünfmal, irgendwann
reicht's.«

»Und wie schaffst du's, dich hinter dem Mülltonnenhäuschen zu verstecken?«

»Das lass mal meine Sorge sein. Hauptsache, du passt auf
meinen Hubschrauber auf.«

»Klar!«

»O Mann«, seufzt Mo.

»Das wird schon«, versucht Finja jetzt einen beruhigenden Ton anzuschlagen. Sie ist zwar alles andere als ruhig, aber wenn Mo jetzt auch nervös wird, dann wird alles nur noch schwieriger. Aber natürlich hat ihr Plan so einige Haken, das spürt Finja ganz genau. Aber mit ein bisschen ...

»Halt!«, sagt Finja und bleibt so abrupt stehen, dass ein Kind hinter ihr voll auf ihre Ferse latscht.

»Was ist jetzt wieder?«, fragt Mo genervt.

»Lass uns zum Schwein gehen, wir brauchen doch Glück«, sagt Finja.

»So 'n Quatsch«, sagt Mo nur und latscht weiter.

Aber Finja läuft die paar Schritte zurück zum Rathaus und steckt ihre beiden Finger in Rüdis Nasenlöcher. Kurz schließt sie die Augen: »Bring mir Glück!«, flüstert sie, und im gleichen Augenblick denkt sie: Na ja, bei Papa hat es ja schon mal nichts gebracht. Der ist heute früh wieder nur mit tiefen Augenringen durch die Wohnung gewankt.

Schnell läuft sie Mo hinterher. Die Tüte in ihrer Hand wackelt hektisch hin und her. Aber wer an das Glück nicht glaubt, bekommt es auch nicht. Oder?

Rüdis Nase zuckt empört. Was soll denn das bitte schön? Zwei Finger in seiner schönen Schnauze, was sind denn das für neue Sitten? Wenn das jeder machen würde? Na ja, mal sehen, wem er heute mal wieder so alles Glück bringen soll. Mürrisch blinzelt Rüdi in den Morgen.

Als Finja in die Klasse kommt, fängt Anastasia sie sofort ab.

»Naaa?«

»Was na?«, gibt Finja zurück.

»Hast du was mitgebracht oder nicht?«

»Hab ich. Aber wenn mein Papa das erfährt, ist die Hölle los.«

»Und was?«

Inzwischen sind auch die anderen Geheimclub-Mitglieder um Finja versammelt.

»Einen fliegenden Stern«, flüstert Finja. »War heute in meinem Adventskalender.«

»Zeig her!«

»Das geht nicht im Klassenzimmer«, raunt Finja, »das geht nur im Freien. Wartet bis zur großen Pause.«

»Wieso?« Anastasia hat schon wieder diesen misstrauischen Blick.

»Hier ist die Decke zu niedrig«, sagt Finja, dreht sich weg und räumt ihren Schulranzen aus.

Die Zeit bis zur großen Pause zieht sich wie geschmolzener Käse. Finja ist so hibbelig, dass sie dauernd auf ihrem Stuhl herumrutscht und immer wieder auf die Uhr schaut. Sie soll irgendeinen Text abschreiben, den sie gar nicht versteht. Hier und da vergisst sie Buchstaben oder verdreht sie, und die Groß- und Kleinschreibung lässt sie von vornherein mal beiseite. Hoffentlich kann Mo sich rechtzeitig hinter dem Mülltonnenhäuschen verstecken! Was, wenn seine Lehrerin überzieht? Oder seine Klasse gar nicht auf den Pausenhof geht? Und das Allerwichtigste: Sie muss den Stern aus der Tüte bekommen, ohne dass die anderen die Rotorblätter des Hubschraubers sehen. Die mussten sie leider außerhalb des Sterns lassen.

Als sie bei ihrem ersten Versuch einfach den Hubschrauber ganz in den Stern steckten, hätten die Rotorblätter das Papier beinahe zerfetzt. Auch so schaut der Stern etwas zerknittert aus. Sie mussten ihn aufschneiden, um den Hubschrauber einzubauen, und dann wieder zukleben. Hoffentlich merkt das keiner, wenn er an Weihnachten wieder ganz oben am Weihnachtsbaum steckt. Und hoffentlich besteht Anastasia nicht darauf, den Stern selbst in Händen zu halten.

Immer wieder schielt Finja zur Tüte neben ihrer Schulbank. Der Zeiger auf der Uhr ruckelt ein winziges Stückchen nach vorn. Finja blickt aus dem Fenster. Der Himmel ist grau, eine einzige graue, tiefe Wolkendecke. O nein!, schießt es ihr durch den Kopf. Was, wenn es anfängt zu regnen? Der Weihnachtsstern ist aus Papier! Wenn er nass wird, ist er im Eimer! Dann wird er schwer, und dann fällt er vielleicht mitten im Pausenhof zu Boden, statt dass er hinter dem Mülltonnenhäuschen bei Mo verschwindet.

»Finja?«, sagt irgendwer. »FINJA!?« Es ist Frau Reis. Finja braucht ein bisschen, bis sie das kapiert. Aber zum Glück läutet es genau da zur großen Pause. Zum Glück?

Es regnet nicht. Es könnte zwar jeden Moment losgehen, aber es regnet nicht. Finja atmet erleichtert aus. In ihrer Hand hat sie die Tüte mit dem Weihnachtsstern. Sie hat versucht, sich möglichst langsam Schuhe und Jacke anzuziehen, damit Mo genügend Zeit hat, sich mit der Fernsteuerung hinter dem Mülltonnenhäuschen zu verstecken. Aber irgendwie hat sie das Gefühl, sich viel zu schnell angezogen zu haben.

Die anderen wollen den Stern natürlich sehen, aber Finja sagt streng: »Niemand rührt den Stern an! Wenn er kaputtgeht, explodiert mein Papa.«

Ehrfurchtsvoll schielen die anderen jetzt zu Finjas Tüte und folgen ihr. Nicht weit von den Mülltonnen entfernt, steht eine große Plastikkiste mit Streusand darin. Auf die soll sie sich stellen, so ist der Plan. Finjas Knie zittern so, dass sie es kaum schafft, hinaufzuklettern. Aber sie muss da rauf, denn sonst können die anderen ja die Rotorblätter sehen.

Die anderen dürfen nicht merken, dass Finja kurz davor ist, vor Aufregung in tausend kleine Teilchen zu zerspringen. Deshalb sagt sie so laut und lässig, wie sie nur kann: »Bitte schön, ich hole jetzt den Stern raus, und dann wird er davonschweben. Von ganz allein.«

»Toll!«, quiekt Sina.

»Da bin ich aber gespannt«, presst Anastasia zwischen den Lippen hervor.

Lars und Tanni starren Finja nur an.

Jetzt kommt der schwierigste Teil, und Finja muss ihren ganzen Mut zusammennehmen und all ihre schauspielerischen Fähigkeiten aufbieten, um jetzt mit dem Finger in den Himmel zu zeigen und zu rufen: »Dort oben wird er schweben!«

Aber es klappt. Alle Augen richten sich nach oben, und das ist der Moment, in dem Finja trotz zittriger Finger rasend schnell den Stern aus der Tüte zieht und sich dann hoch über den Kopf hält.

Ein »Oh« geht durch die vier Mitglieder des Geheimclubs. Jetzt blicken wieder alle auf Finja. Und wie sie da oben steht und den Stern wie einen Pokal in die Höhe hält, kommen noch mehr Kinder vom Schulhof dazu. Auch Nika. Die Pausenaufsicht aber ist nicht zu sehen. Es ist ganz schön kalt und auch etwas windig. Finja blickt auf Anastasias Mützenbommel, ihre Finger fangen schon an, rot und kalt zu werden.

Mo ist nirgends zu sehen. Hat er sich so gut versteckt? Oder ist er noch gar nicht da? Und wenn er hinter dem Mülltonnenhäuschen steckt, kann er von dort aus überhaupt sehen, dass Finja jetzt hier oben steht? Mist, das ist der Haken an ihrem Plan, sie hätten irgendein Zeichen vereinbaren sollen, damit Finja weiß, wann der Stern losfliegen wird.

»Der schwebt nicht«, sagt Anastasia.

»Er muss erst die Außentemperatur annehmen, dann geht's los.« Finja versucht, mit fester Stimme zu sprechen, aber ihr ist zum Heulen. Ihre Arme fangen an wehzutun. Wo ist bloß Mo?

»Was ist jetzt?«, fragt Lars.

Der Stern bewegt sich keinen Millimeter in die Höhe.

»Jetzt wartet halt ein bisschen«, ruft Finja. Immer mehr Kinder kommen hinzu und starren Finja an. Am liebsten würde sie in der Kiste verschwinden.

»Der schwebt nicht«, wiederholt Anastasia.

»Er muss erst die richtige Temperatur haben«, antwortet Finja patzig. Finja will gar nicht in Anastasias Gesicht sehen, sie kann sich genau vorstellen, wie sie grinst. Richtig fies.

»Darf ich ihn mal halten?«, ruft Lars.

»Nein«, sagt Finja nur und schaut verzweifelt zu den Mülltonnen. Mo, bitte, drück endlich auf die Fernsteuerung!

»Der schwebt nicht«, sagt Anastasia schon wieder. Fällt der heute noch mal ein anderer Satz ein? Finjas Finger sind jetzt steif gefroren, ihre Arme schwer wie Sandsäcke. Sie schaut nach oben, weil sie so die Tränen unterdrücken kann, die jetzt unweigerlich kommen.

»Der ...«, fängt Anastasia schon wieder an, aber da spürt Finja ein Vibrieren in ihren Fingern, sie kann es erst selbst kaum glauben, aber der Stern schwebt aus ihrer Hand, ganz langsam steigt er höher und höher.

Ein Raunen geht durch die Kinder.

»Süß!«, kreischt Sina.

»Er fliegt!«, ruft Lars.

Erschöpft steigt Finja von der Kiste. Sie steckt ihre eiskalten Finger in die Jackentaschen. Der Stern bewegt sich jetzt Richtung Schultor, zieht dann merkwürdige Schleifen, nimmt plötzlich einen Zickzackkurs auf, wird wieder langsamer, saust ein gutes Stück weg, und dann – Finja schreit auf vor Schreck – knallt er gegen einen Baum an der Mauer und fällt herunter. Allerdings auf der anderen Seite der Mauer.

Finja hört ein lautes »Scheiße!« und sieht ihren Bruder plötzlich zur Mauer rennen. Wie ein tollwütiger Affe versucht er, an ihr emporzuklettern, aber sie ist viel zu glatt. Man könnte meinen, er will aus der Schule abhauen, aber ist zu doof, den Ausgang zu finden. Wie er da so hochhüpft, das ist ziemlich peinlich, findet Finja. Da ist sie nicht die Einzige. Ein paar Kinder lachen und zeigen auf Mo. Dann kommt Frau Brenner, die Pausenaufsicht, und hält Mo auf. Sie redet erst auf ihn ein, dann nimmt sie seinen Arm und führt ihn ab wie einen Verbrecher.

»Der ist ja wie ein Bekloppter hinter dem Stern her«, kichert Tanni.

»Kriegst du jetzt Ärger zu Hause?«, fragt Lars.

»Wir können ja nach der Schule den Stern suchen«, sagt Sina und streichelt Finja über den Arm.

Finja schüttelt den Kopf. So erschüttert und elend, wie sie aussieht, fühlen alle mit ihr. Bestimmt wird ihr Vater fürchterlich schimpfen! Arme Finja!

Die Mitglieder des Geheimclubs folgen ihr betreten zurück ins Klassenzimmer. Nur Anastasia sagt gar nichts.

Eigentlich könnte Finja jetzt doch glücklich sein. Die Sache mit dem Stern haben ihr die anderen geglaubt, und jetzt, wo der Stern weg ist, sind alle auch noch besonders nett zu ihr. Aber Finja ist gar nicht glücklich. Je netter die anderen sind, desto elender fühlt sie sich. Hoffentlich ist Mos Hubschrauber nicht kaputt! Hoffentlich findet sie ihn wieder. Aber inzwischen ist schon so viel Zeit vergangen, und nach der Schule muss sie auch noch in den Hort. Auf keinen Fall darf sie sich natürlich mit den anderen auf die Suche machen. Nein, sie muss das allein machen. Aber wie? Mo hat montags immer bis drei Uhr Schule, Finja nur bis halb eins. Sie muss den Stern allein suchen gehen. Ein Blick zur Uhr. In zehn Minuten ist die Schule aus. Wie kann sie bloß dem Hort entgehen?

Finja zuckt zusammen. Alle um sie herum melden sich wie verrückt und schreien »Ich! Ich!«.

Was ist denn jetzt los? Wovon redet Frau Reis?

»Nicht schnalzen!«, ruft Frau Reis. »Nicht schreien!« Aber die Kinder werden nicht leiser. »Also gut«, sagt Frau Reis schließlich. »Lara, kommst du raus, du darfst heute die Glücksfee sein.«

Die Glücksfee? Finja schaut traurig auf Lara. Eine Glücksfee, die könnte sie wirklich gebrauchen, aber eine echte. Lara bekommt von Frau Reis ein Körbchen, in dem kleine weiße Zettel liegen. Die anderen reißen sich darum, einen dieser Zettel zu ziehen. Finja hat keine Ahnung, was das soll. Was hat Frau Reis bloß gerade gesagt? Jetzt steht Lara vor ihr und hält ihr das Körbchen unter die Nase.

Finja zieht ein Papier, faltet es auf und liest: »Erzengel Gabriel«. Was hat das zu bedeuten? Sina schaut auf Finjas Zettel.

»Mensch, hast du Glück! Ich bin bloß Hirte.«

Hä? Finja braucht eine Weile, dann begreift sie, dass die Klasse am letzten Schultag vor den Ferien in der Kirche ein Krippenspiel aufführen soll. Auf den Zetteln stehen die Rollen der Kinder.

Eigentlich hat Finja gar keine Lust auf Kirche. Denn dieses Jahr wird Mama nicht im Kirchenchor mitsingen, ein Weihnachtsoratorium ohne Mama will sie sich gar nicht anhören.

Lara geht von Platz zu Platz, und Finja hört Gemurmel und Gejubel. Erzengel. Finja weiß nicht, was sie davon halten soll.

Plötzlich drehen sich alle Köpfe zu Anastasia. Die ist aufgesprungen, wedelt mit ihrem Zettel herum und kreischt: »Ich bin die Maria! Ich bin die Maria!«

Auch das noch. Anastasia bekommt die Hauptrolle. Sie hat einfach immer Glück. Aber Finja ist das jetzt ziemlich egal. Daher hört sie auch nicht weiter zu, als Frau Reis erklärt, wann die erste Probe beginnen soll. Es läutet jetzt sowieso. Alle fragen sich gegenseitig, welche Rolle sie haben. Und das ist die Gelegenheit. Finja packt ihren Schulranzen und flitzt nach draußen.

Sie muss sich beeilen. Wenn sie den Stern schnell genug findet, wird im Hort vielleicht niemand merken, dass sie fehlt. Finja düst aus dem Schultor und um die nächste Straßenecke.

Sie weiß nur so ungefähr, welche Häuser an die Schulhofmauer grenzen. Eines davon hat einen großen geschwungenen Balkon, und dort hängen immer bunte Tücher an einer Schnur und flattern im Wind. Im Sommer steht ein riesengroßer Sonnenschirm mit großen Blumen darauf auf dem Balkon. Irgendwo in der Nähe dieses Balkons muss der Stern abgestürzt sein. Aber wie sieht das Haus von vorne aus? Von der Straßenseite?

Finja hat ihre Mütze in der Schule vergessen und ihren Schal. Es ist ziemlich kalt, und zu allem Unglück fängt es jetzt auch noch an zu regnen. Der Stern wird zu einem nassen Klumpen zusammenschnurren, und wenn Finja ihn nicht bald findet, geht auch der Hubschrauber im Regen kaputt – falls er das nicht sowieso schon ist.

Die Häuser schauen alle trostlos aus und eines wie das andere. Wie soll sie in die Hinterhöfe kommen? Finja läuft unschlüssig auf und ab. Sie muss irgendwo klingeln, aber wo? An einem der Häuser klebt ein nasser Werbezettel. Ein komisch grinsendes Schwein ist darauf, und Finja liest: »Kein Schwein ruft Sie an? Immer allein zu Haus? Dann ...«

Hier ist der Zettel abgerissen. Warum, weiß Finja auch nicht, aber sie drückt bei diesem Haus auf alle Klingeln, und irgendwer macht ihr auf. Finja schiebt die Haustür auf und läuft durch einen hohen Gang, in dem ein paar Fahrräder stehen. Weiter hinten sieht sie eine weitere Tür. Die muss in den Hinterhof führen. Hoffentlich ist sie nicht abgesperrt! Finja drückt die Klinke herunter, und die Tür lässt sich öffnen. Sie ist jetzt in einem länglichen Hinterhof. Auch hier stehen ein paar Fahrräder und Mülltonnen. Vom Stern ist nichts zu sehen. Finja betrachtet die Balkone, die in den Hinterhof hinausgehen. Sie sind eckig, hier ist sie falsch.

In Finjas Nacken fällt ein Regentropfen und rinnt ihr eiskalt den Rücken hinunter. Obwohl es früher Nachmittag ist, ist es ziemlich dunkel. Finjas Finger sind rot vor Kälte, auch ihre Nase ist rot. Was soll sie jetzt machen? An der Schmalseite des Hinterhofs führt eine kleine Eisentür zum Nachbarhof. Finja rüttelt daran, aber sie lässt sich nicht öffnen. Mist! Aber vielleicht kann sie über die Mauer klettern? Wenn sie erst auf eine der Mülltonnen klettert und sich dann hochzieht? Finja versucht es. Die Mülltonne stinkt, ist nass und schmutzig. Als Finja hinaufklettert, bekommt ihre Hose am Knie einen großen braunen, nassen Fleck. Vorsichtig stellt sie sich hin und zieht sich dann an der Mauer hoch. Die ist zum Glück nicht ganz glatt, und sie findet mit den Füßen Halt. Jetzt ist sie oben und sitzt auf der Mauer, wie auf einem Pferd. Nur dass es kein warmes weiches Pferd ist, sondern eine eckige, nasse, harte Mauer. Finja spürt, wie ihr Hintern nass wird. Von hier aus kann sie gut in den Nachbarhof sehen, und sie bemerkt sofort: Der ist es auch nicht. Hier gibt es auch nur eckige Balkone. Trotzdem sucht sie mit den Augen den Boden ab, nichts, kein Hubschrauber.

Finja will hier weg, sie will irgendwohin, wo es warm ist. Am Ende des Nachbarhofs steht ein Baum. Finja kneift die Augen zusammen. Schaut dahinter, im nächsten Hof, nicht ein geschwungener Balkon hervor? Zwischen dem Nachbarhof und dem nächsten Hof gibt es einen Durchgang, ohne Tür. Sie muss also nur diese Mauer auf der anderen Seite herunterkommen, dann kann sie ganz einfach in den nächsten Hof gehen. Das Problem ist aber, auf der anderen Seite stehen keine Mülltonnen, auf die sie sich heruntergleiten lassen könnte. Aber dafür ist dort eine Rankhilfe angebracht, an der sich ein paar trostlose kahle Zweige festklammern. Vielleicht kann sie sich dort auch festklammern und so hinunterklettern?

Hinter ihr raschelt etwas. Erschrocken dreht Finja sich um. Zwischen den Mülltonnen bewegt sich etwas. Eine Katze? Oder etwa Ratten? Ohne zu überlegen, schwingt Finja ihr Bein über die Mauer und sucht mit den Füßen in der Rankhilfe Halt. Das klappt zunächst, zumindest so lange, wie Finja sich noch oben an der Mauer festhalten kann. Aber als sie sich auch mit den

Händen an der Rankhilfe festhalten will, kracht diese herunter und mit ihr Finja und jede Menge dorniger Zweige. Finja schreit auf. Sie liegt halb auf Beton, halb auf nasser Erde. Alles tut ihr weh. Ihre rechte Hand blutet. An ihren Schultern zerrt ihr Schulranzen, der sich irgendwie verschoben hat. Finja weiß gar nicht, wie sie aufstehen soll. Alles ist nass und dreckig und schrecklich. Finja muss heulen, Rotz läuft ihr die Nase herunter.

»Oj oj oj«, sagt eine Stimme, und Finja sieht hochhackige rote Stiefel vor sich. Dann einen gelben Rock, dann einen grünen Kittel und dann ein Gesicht. Die Frau, die ihr jetzt beim Aufstehen hilft, hat glatte rot gefärbte Haare bis zum Kinn, riesige Ohrringe, ganz dünne Augenbrauen und dick geschminkte Augen darunter. Rechts und links vom Mund sind ziemlich tiefe Falten und auch um die Augen rum. Die Augen schauen Finja jetzt an, und der Mund dazu sagt in einem merkwürdigen Singsang: »Hast dir wehgetan?«

Finja stützt sich auf die Frau. Die führt sie zu einer Bank, über die ein Balkon ragt. So ist sie einigermaßen trocken. Finja muss humpeln, sie schnieft immer noch. Die Frau nimmt ihr vorsichtig den Schulranzen ab, und Finja sinkt auf die Bank.

»Das haben wir gleich«, sagt die Frau, »tut gleich nicht mehr weh.«

Aus der Tasche ihres Arbeitskittels holt sie ein sauberes Taschentuch, mit dem sie nun Finjas Gesicht und dann ihre Hände reinigt. Finja sieht, dass ihre Fingernägel rot lackiert sind. Die Frau zaubert ein Pflaster hervor und klebt es auf die Wunde an Finjas rechter Hand.

»Ganz kalte Hände!«, murmelt sie, löst ihren Schal vom Hals und wickelt Finjas Hände darin ein.

»So«, sagt sie und reibt freundlich Finjas Schulter. »Ich Fee und du?«

Finja starrt sie an. Das gibt's jetzt nicht, oder? Wie eine Fee sieht diese Frau wirklich nicht aus. Feen sind dünne, wunderschöne junge Frauen mit durchsichtigen Flügeln und Glitzer drauf, und deswegen sagt Finja jetzt: »Feen gibt's gar nicht.«

»So?«, sagt die angebliche Fee und zieht ein bisschen entrüstet ihre dünnen Augenbrauen noch höher, als sie sowieso schon sind. »Mich gibt's nicht?«

»Schon«, sagt Finja etwas unsicher, »aber Wünsche erfüllen kannst du halt nicht, oder?«

»Hm«, sagt die Fee, »kommt auf Wünsche an.«

Sie wackelt ein bisschen mit dem Kopf hin und her, und ihre riesigen Ohrringe klimpern. Dann lässt sie sich neben Finja auf die Bank sinken und sagt nichts mehr.

Da passiert etwas Sonderbares. Zunächst in Finjas Nase. Die schnuppert einen Geruch, den sie gut kennt. Mamas Parfum. Die Frau neben ihr riecht nach Mama. Ihr Arm berührt Finjas Arm, und Finja wird es warm, erst ist es nur der Arm, aber dann spürt sie auf einmal nirgendwo mehr die Kälte. Es ist ein bisschen so, wie wenn sie nach der Schule neben Mama auf dem Sofa sitzt. Das machen sie oft, und dann erzählt Mama von ihren Gesangsschülern oder auch von einem ihrer nächsten Auftritte, und Finja erzählt von der Schule. Dabei kuscheln sie sich aneinander, und es ist warm. Obwohl es in diesem Hinterhof überhaupt nicht wie in Finjas Wohnzimmer aussieht, obwohl Finja weiß, dass sie nicht so viel Zeit vertrödeln und jetzt schleunigst im Nachbarhof nach dem Stern suchen sollte, obwohl sie weiß, dass sie hier neben einer wildfremden und dazu auch etwas komischen Frau sitzt, steht Finja jetzt nicht auf, sondern bleibt sitzen und fängt an zu erzählen. Und das hat irgendwie mit Finjas Nase zu tun, deren Spitze zwar noch rot ist, aber sich nicht mehr so kalt anfühlt, und mit diesem Mama-Geruch.

Aus Finja purzelt die ganze verfluchte Adventskalender-Lügengeschichte heraus. Und die Fee sitzt neben ihr und hört sich alles an und unterbricht kein einziges Mal. Am Ende sagt Finja: »Ich wünschte, alles wäre wieder so wie früher!«

»Hm«, sagt die merkwürdige Fee, »das ist also Wunsch?«

Finja nickt, und in ihrem Kopf beginnt sie zu finjatisieren.

Gleich holt die Fee aus ihrer Vordertasche einen feinen Stab hervor, dann macht es »bling«, und alles, was passiert ist, läuft rückwärts, wie in einem Trickfilm. Finja fliegt zurück auf die Mauer und zurück in den ersten Hinterhof, dann weiter in die Schule, in die große Pause. »Tchin tbewhcs red«, sagt Anastasia. Der Hubschrauber prallt nicht am Baum ab, nein, er fliegt rückwärts vom Baum zurück und zurück in Finjas Hände und von dort zurück in ihre Tasche, und jetzt sind Finja und Mo wieder zu Hause, und alles geht ganz, ganz schnell: Dem Engel aus dem Nikolaussäckchen wächst sein Kopf wieder an – der 2. Dezember: Finjas Lüge schlüpft wieder in ihren Mund zurück – Mama hat einen Knoten im Hals und flüstert, aber jetzt ist der Knoten weg, und sie singt – Papa, Mo, Mama und Finja sitzen in der Küche, in ihren Händen haben sie kleine Papierstreifen, aber jetzt fliegen sie wieder zurück in die Glückskekse, und die Kekse fliegen zurück in ihre Tüte, und Papa geht rückwärts aus der Küche und hat keinen »großen Auftrag« mehr, und »Stopp!«, ruft Finja.

Sie öffnet die Augen, aber sie sitzt immer noch im nassen Hinterhof. Ihr Bein tut immer noch weh. Die seltsame Frau steht vor ihr und lächelt.

»Das da«, sagt sie, und Finja sieht Mos Hubschrauber in ihrer Hand, mit nassem Sterne-Papier drum herum, »ist mir heute auf Kopf gefallen, als ich hab Hof gekehrt. Ein Glück, dass ich hab es gefangen!«

Finja steht auf und nimmt den Hubschrauber an sich. Er sieht nicht kaputt aus. Wenigstens das.

Aber eine Fee, die Hinterhöfe kehrt? Als hätte die Frau

Finjas Gedanken erraten, sagt sie jetzt in ihrem komischen Singsang: »Wenn ich soll deine Wunsch erfüllen, du musst auch was machen.«

»Was denn?«

»Musst deinen Freunden sagen die Wahrheit.«

»Die Wahrheit? Auf keinen Fall!«

Finja zerrt sich den Wollschal der Fee vom Hals. Sie muss jetzt hier weg, sie muss in den Hort, und diese Putzfrau dort kann ihr sowieso nicht helfen. Wenn Finja den anderen die Wahrheit sagt, dann wird Anastasia triumphieren, und keiner wird mehr mit Finja befreundet sein wollen. Wie soll sie da jeden Tag in die Schule gehen?

»Na, na«, sagt die Fee, klopft Finja auf die Schulter und murmelt: »Es gibt nicht Fahrstuhl zum Glück. Du musst Treppe nehmen.«

Dann nimmt sie sich einen Besen und fängt an zu kehren, als wäre nichts gewesen.

»Das war voll die Kacke!«, schnaubt Mo wütend, als Finja ihm zu Hause den Hubschrauber überreicht. »Ich hab mich vor allen zum totalen Deppen gemacht!«

Finja lässt die Schultern hängen. Sie ist so müde. Und jetzt ist auch noch Mo total sauer auf sie.

»Aber DU hast doch den Stern gegen den Baum knallen lassen«, versucht sie sich zu verteidigen.

»Weil das einfach die totale Schnapsidee war. Ich konnte das Teil kaum steuern!«

»Dafür helf ich dir morgen mit Nika!«, sagt Finja, aber Mo antwortet nur mit einem wütenden »Mmpf!«, verschwindet in seinem Zimmer und haut die Tür zu.

Finja schaut ihm hinterher. Am liebsten würde sie sich jetzt einfach ins Bett legen.

Im Hort waren auch alle total sauer. Als sie nass und dreckig dort ankam, hatte Ben, einer der Betreuer, sein Handy in der Hand. Es fielen ihm fast die Augen aus dem Kopf, als er sie sah.

»Moment, da ist sie. Sie ist gerade gekommen. Ja, tut mir leid, alles klar, Wiederhören.«

Ben hatte soeben mit der Polizei telefoniert. Finjas Fehlen war natürlich gleich beim Mittagessen aufgefallen. Finjas Mutter hatte keiner erreicht (logisch, niemand konnte sie erreichen), aber auch ihr Vater war nicht ans Telefon gegangen. Was häufig vorkam, denn – so hatte er einmal erklärt – immer wenn das Telefon klingle, habe er das Gefühl, in der nächsten Sekunde käme ihm eine Glückskekssspruch-Idee, und deshalb würde er sich genau dann einfach nicht rühren können. Ben hatte auch mit Frau Reis telefoniert. Sie hatten sie überall gesucht. Ben führte mit Finja ein »ernstes Gespräch«, aber weil Finja partout nicht sagen wollte, wo sie gewesen war, verlief das ziemlich unangenehm. Jetzt hat sie einen Brief an ihre Eltern in der Tasche, und da muss noch heute irgendwie Papas Unterschrift drauf.

Finja ist so erledigt, dass sie nicht in der Lage ist, sich dafür irgendeinen Plan auszudenken. Lange sitzt sie in ihrem Zimmer und starrt nur vor sich hin. Dann steht sie auf, zieht den Brief aus dem Ranzen und geht zu Papa ins Arbeitszimmer.

Der sitzt vor seinem Computer im Papierwolkenmeer. Auf dem Bildschirm steht in großen schwarzen Buchstaben »Glück ist«. Mehr nicht. Zwei Haarbüschel stehen von Papas Kopf ab, sodass er aussieht wie ein gerupftes Huhn. Sein Rücken ist krumm, und seinen Kopf hat er auf seine Hände gestützt, und zwar so – wie Finja jetzt von der Seite sieht –, dass seine Backen nach oben verschoben sind. Mit seiner kleinen Bildschirmbrille sieht er aus wie ein Maulwurf. Ein gerupfter Hühner-Maulwurf.

»Papa?«

»Hm«, brummt er.

»Du musst da was unterschreiben.«

Was soll sie sagen, wenn Papa jetzt gleich fragt, warum sie nicht direkt von der Schule in den Hort gegangen ist? Sie wird es einfach nicht sagen, genauso wie bei Ben. Aber irgendwo in Finjas Kopf steckt winzig klein die Hoffnung, dass Papa nicht lockerlässt, sie ihm doch alles erzählt und er ihr hilft, mit dem Brief, mit Anastasia und mit allem. Aber würde er das tun? Oder würde er schimpfen oder – noch schlimmer – Mama anrufen und ihr alles erzählen, und dann wird Mama nie gesund.

»Papa?«

»Hm?«

Papa sitzt immer noch in der gleichen Haltung da und starrt von unten auf seinen Bildschirm.

Finja schiebt ihm den Brief auf den Tisch.

»Du musst das hier unterschreiben, ist vom Hort«, sagt Finja, und Papa seufzt einen Riesenseufzer, greift wie ein Roboter zu einem Stift neben sich und unterschreibt. Ohne ein einziges Wort gelesen zu haben.

Glück gehabt?

Liebe Mama,
es wird immer schlimmer. Alle sind
sauer auf mich. Mo und Ben und Anastasia.
Ich muss mir immer weiter was Neues
ausdenken, was im Adventskalender ist.
Papa fällt immer noch gar nichts ein.
Er sitzt nur vor dem leeren ———►
Bildschirm.
Ich bin froh, wenn Weihnachten ist.
Dann hat das mit dem Adventskalender
ein Ende! Hoffentlich kommst du an
Weihnachten wieder!!! ♡" Du musst kommen.!!!
Wir haben keinen Adventskranz und keine
Plätzchen. Der Stern von unserem Baum
ist kaputt, weil

»Finja!«, knurrt Mo. »Ich gehe jetzt.«

Finja versteckt den Brief unter ihrer Schreibtischunterlage, schnappt sich ihren Schulranzen und läuft Mo hinterher. Sie ist froh, dass Mo nicht ohne sie gegangen ist. Vielleicht ist er nicht mehr sauer auf sie? Mit großen Schritten, den Kopf gesenkt, läuft er neben ihr her. Sie kann kaum Schritt halten.

»Sollen wir morgen das mit Nika machen?«, fragt sie vorsichtig.

»Nein«, sagt Mo, und dann läuft er noch schneller.

Finja fühlt sich elend. Sie sieht den zerknautschten kaputten Weihnachtsstern vor sich. Wird an Weihnachten wirklich alles zu Ende sein? Jetzt merkt Finja auch, dass sie Hunger hat. Sie wühlt in ihren Taschen. Zum Glück findet sie dort einen Kaugummi. Finja kaut auf dem Kaugummi herum und denkt wieder an Weihnachten. Zumindest wird sie niemand in den Ferien nach dem verfluchten Adventskalender fragen! Aber ihre Eltern werden fragen, wo der Stern geblieben ist, und kann Finja dann alles erklären? Oder muss sie dann wieder lügen? Und was soll sie machen, wenn Sina oder Tanni sie in den Weihnachtsferien besuchen wollen? Das geht ja gar nicht mehr, denn wer weiß, ob sie Papa nicht auf die geheimen Spezialerfindungen ansprechen werden. Oder sie wollen sie zumindest sehen. Also muss sie dann wieder eine Lügengeschichte erfinden, damit Sina und Tanni auf gar keinen Fall und nie mehr zu ihr nach Hause kommen. Dann werden die Weihnachtsferien total langweilig sein, und Papa und Mama werden fragen, warum sie nicht Sina und Tanni einlädt, und dann muss sie auch da eine Lügengeschichte erfinden.

Finja hat plötzlich das Gefühl, dass sie ihr ganzes Leben lang Lügengeschichten wird erfinden müssen und dass auch an Weihnachten nicht mehr alles so sein wird wie früher. Nicht einmal an Weihnachten!

Genau da fällt ihr Blick auf Rüdi. Das Schwein hat ihr überhaupt kein Glück gebracht! Alles ist genauso verzwickt wie vorher. Dauernd hat sie Pech! So ist das! In ihrer Wut zieht Finja ihren Kaugummi aus dem Mund und klebt ihn dem Schwein ins rechte Nasenloch. So. Geschieht ihm recht.

Und bitte, kaum ist sie im Klassenzimmer, fragt Anastasia schon: »Und? Was war heute in deinem Adventskalender?«

Frechheit! Schweinerei! Rüdi rümpft empört die Nase und schnaubt entrüstet. Wie ekelhaft! Wie respektlos! In den süßesten Träumen war er noch, als dieses Mädchen ihren Anschlag auf ihn verübte. Na warte! Na waaaaarte!, denkt Rüdi bitter gekränkt, jetzt wirst du mich kennenlernen! War das nicht die, der er gestern noch Glück bringen sollte? Und das ist jetzt der Dank! Sauerei!

»Eine Zaubernuss«, murmelt Finja, »wenn man sie öffnet, schneit es.«

»Ach«, sagt Anastasia trocken.

»Echt?«, staunt Lars.

Aber da klatscht Frau Reis in die Hände: »So! Wir proben jetzt das Krippenspiel!«

Ein großes Durcheinander entsteht. Allein bis jedes Kind seinen Text in den Händen hält, vergeht eine Ewigkeit.

Anastasia lässt Frau Reis auch keine Ruhe und löchert sie mit Fragen: »Frau Reis? Soll ich als Maria ein blaues Kleid anziehen, die Maria hat doch immer blaue Kleider an?« – »Frau Reis, soll ich die Haare dann offen tragen? Oder einen Zopf?« – »Frau Rei-heis? Soll ich mich als Maria eigentlich auch schminken?« Und immer wieder stöhnt sie übertrieben: »Ich muss echt sooo viel Text lernen!«

Finjas Text ist nicht so lang. Sie muss warten und zusehen, wie Anastasia als Maria unruhig auf und ab geht und vor sich hin murmelt: »Wo der Josef nur bleibt, er müsste doch längst zu Hause sein!«

Das ist ihr Stichwort. Dann muss sie auf Maria langsam zugehen, die Hand heben und sagen: »Sei gegrüßt, Begnadete! Der Herr ist mit dir.«

Maria muss erschrocken tun, und Finja als Erzengel Gabriel soll dann sagen: »Maria, höre die frohe Botschaft, die ich dir verkünde, und fürchte dich nicht. Du wirst einen Sohn bekommen, und du sollst ihn Jesus nennen. Dieser Sohn wird Sohn Gottes genannt werden.«

Dann soll sich Finja vor Maria verneigen und wieder verschwinden. Sie proben die Szene fünfmal. Das Verneigen vor Maria fällt Finja immer schwerer, denn Anastasia hat dann immer so ein superhochmütiges Lächeln auf den Lippen. Dann lässt Frau Reis Finja in Ruhe und probt noch andere Szenen.

Als Finja nach Hause kommt, wankt ein zerstrubbelter Papa aus dem Arbeitszimmer mit einem Zettel in der Hand. Für einen winzigen Augenblick denkt Finja, dass darauf vielleicht die fehlenden 13 Glückssprüche stehen. Aber dann merkt sie gleich, dass das nicht sein kann. Papas Gesicht schaut so zerknautscht aus wie immer.

»Ich hab Mama einen Brief geschrieben«, sagt Papa. »Schreib ihr doch noch was dazu, dann geht es ihr bestimmt gleich etwas besser.«

»Geht es ihr denn nicht gut?«

Papa schaut trübsinnig und zuckt mit den Schultern.

»Doch, sicher, bestimmt, aber wer weiß, vielleicht ist ihr auch langweilig in diesem Kloster. Also, sie freut sich bestimmt über Post von uns. Schreib ihr doch was Nettes.«

Papa hält Finja seinen Brief hin. Was er ihr wohl geschrieben hat? Ob er ihr von seiner Blockade vorjammert oder ob er sich zusammengerissen hat?

Finja findet, dass Papa total schmiert. Sie kann jedenfalls nie entziffern, was er schreibt. So eine Schrift würde Frau Reis bei ihr nicht durchgehen lassen.

Was soll Finja Mama schreiben? Sie denkt an den angefangenen Brief unter ihrer Schreibtischunterlage.

»Also?«, sagt Papa und wedelt mit dem Papier. Er legt es auf den Küchentisch. Finja lässt sich auf einen Stuhl plumpsen. Papa setzt sich daneben.

»Nur ein paar Sätze, komm schon. Mo hat auch schon was geschrieben.«

Wie soll Finja Mama schreiben, wenn Papa daneben sitzt?

»Finja, bitte, mach schon. Ich bring den Brief gleich noch zur Post, sonst bekommt ihn Mama gar nicht mehr. Nächsten Montag ist ihre Zeit im Kloster schon um.«

Nur noch sechs Tage?

»Und dann kommt sie nach Hause?«, fragt Finja, und ihr Herz macht einen kleinen Freudensprung.

»Ja, vermutlich, glaub schon«, murmelt Papa. »Hier, bitte«, er wackelt mit einem Kugelschreiber vor ihrem Gesicht herum.

Finja nimmt den Stift und schreibt.

Liebe Mama,
mir geht es gut, wie geht es dir? In der
Schule machen wir ein Krippenspiel. Das
Wetter ist gut. Ich freue mich schon auf
Weihnachten.   Finja

Lieber Renus, liebe Finja, lieber Mo,
vielen Dank für euren lieben Brief, er hat tatsächlich fast eine Woche gebraucht, bis er da war, heute Morgen ist er angekommen. Zum Glück war ich da noch im Kloster. Jetzt ist meine Zeit dort vorbei, und hurrah, ich habe mein Handy wieder. Meine Stimme soll ich aber immer noch schonen, daher heute nur eine Mail von mir. Nach so langer Zeit des Schweigens ist es sehr komisch zu sprechen, und ich muss vorsichtig sein. Ich bin gerade vom Schiff gestiegen und jetzt wieder in der Klinik in Hamburg für weitere Untersuchungen. Dann wird entschieden, wie es weitergeht. Ich hoffe, ich kann bald nach Hause. Ich vermisse euch ganz fürchterlich und bin so froh, dass ihr ohne mich klarkommt.
Sobald ich mehr weiß, melde ich mich.
Bussis an alle: Mama

Am Morgen nach Mamas Mail bleibt Mo vor Rüdi stehen. Er fummelt am Reißverschluss seines Anoraks herum, macht ihn ein Stückchen auf, dann wieder zu, auf, zu, auf, zu. Dabei starrt er Rüdi an. Auch Finja starrt das Schwein vor der Rathausmauer an, genauer gesagt: Sie starrt auf den Kaugummi in Rüdis rechtem Nasenloch. Wohl fühlt sie sich nicht dabei.

»Lass uns weitergehen«, murmelt sie in Richtung Mo.

Aber Mo schüttelt den Kopf und nähert sich langsam Rüdi.

»Du willst doch nicht etwa das Schwein streicheln?«, sagt Finja schnell.

»Wieso nicht?«, erwidert Mo. »Hast du letzte Woche doch auch gemacht.«

»Ja, aber es hat überhaupt nichts gebracht.«

»Wieso?« Mo hebt seinen Blick nicht von Rüdi. Geradezu hypnotisiert schaut er aus. »Für dich hat doch alles geklappt, der Stern ist geflogen, und sie haben dir geglaubt.«

»Pf«, macht Finja nur. Und? Ist davon vielleicht alles besser geworden? Nein! Überhaupt nicht! Gleich wenn sie ins Klassenzimmer geht, wird Anastasia schon wieder nerven mit ihrer Frage nach dem Adventskalender. Sie muss immer weiterlügen. Und sie hat so gehofft, dass Mama zurückkommt. Jeden Tag hat sie darauf gewartet, und jetzt heißt es wieder nur: Abwarten. Sollte dieses Schwein ihr zu Glück verholfen haben, dann war es das falsche Glück.

Finja kann ihren Blick nicht von Rüdi abwenden. Irgendetwas stimmt nicht. Hat sie sich vielleicht einfach das Falsche gewünscht? Sollte sie am Ende das Schwein noch mal berühren, mit dem richtigen Wunsch? Aber ein Schwein mit einem Kaugummi in der Nase, das einem Glück bringen soll, das ist doch alles totaler Quatsch.

»Ich brauche heute Glück«, sagt Mo, geht noch zwei Schritte näher an Rüdi heran und fährt ihm schnell über die Schnauze. Dann wendet er sich mit einer eckigen Bewegung ab und geht davon, während seine Finger wieder an seinem Reißverschluss herumnesteln, auf, zu, auf, zu. Finja wirft noch einen letzten Blick auf das Schwein, dann läuft sie Mo hinterher.

Vor dem Schultor hält Mo noch einmal an.

»Du musst ganz locker rüberkommen«, sagt Mo jetzt in gekünstelt coolem Tonfall.

»Ja doch!«, sagt Finja. »Das wird schon!«

»Hauptsache, du gibst ihr den richtigen Keks!«

»Jaaaaaa!«

Wie oft ist sie ihren Plan jetzt schon mit Mo durchgegangen? Du meine Güte, Verliebtsein ist echt nicht leicht. Aber immerhin ist Mo nicht mehr sauer auf sie wegen des Hubschraubers. Fast eine Woche lang hat er sich Zeit gelassen, bis er bereit war für den Nika-Plan.

Als sie am dicken Draschke vorbeikommen und in den Schulhof gehen, packt Mo Finjas Hand und zerquetscht sie fast.

»Da ist sie!«, flüstert er.

Tatsächlich. Wie konnte er Nika nur so schnell entdecken? Sie steht mit ein paar anderen Kindern bei den Mülltonnen.

»Jetzt mach!«, haucht Mo und schiebt Finja in Nikas Richtung, so hektisch, dass Finja ein paar Schritte vorwärtsstolpert. Er selbst wendet sich schnell ab und betrachtet ungemein aufmerksam das Grau der Schulhofmauer.

O Mann, denkt Finja, gleich fängt er noch an zu pfeifen, um sich möglichst unauffällig zu benehmen.

Sie geht auf die Gruppe um Nika zu und stellt sich zu ihnen. Sie muss schnell machen, wenn es läutet, ist es zu spät.

»Wollt ihr ein paar Glückskekse?«, fragt sie. »Hab von meinem Papa eine ganze Tüte mitbekommen, der macht ja die Sprüche, die drin sind. Aber nicht alle.«

Sie holt die Glückskekstüte hervor und hält sie Nika unter die Nase.

»Willst du einen?«

Nika will in die Tüte greifen, aber Finja ist schneller und gibt ihr den Keks mit dem winzigen Bleistiftpunkt auf der Packung. Sie hat ihn extra ganz oben hingelegt. Puh! Das Schwierigste wäre geschafft. Jetzt nehmen sich auch die anderen einen Keks und auch Finja.

»Da steht was drin!«, sagt sie beschwörend, packt ihren Keks sofort aus und zerbricht ihn. Die anderen machen das zum Glück auch.

Am schnellsten ist Nikas Freundin Esra. Sie hält ihren Zettel in der Hand und liest: »Wer sein Brot mit anderen teilt, bekommt selbst mehr. Häh?«

»Das sind chinesische Weisheiten, die Glück bringen«, sagt Finja schnell. »In echt, du musst das unbedingt befolgen.«

»Singe ein Lied von Herzen, und die Freude wohnt bei dir!«, liest ein anderes Mädchen vor und fängt sofort an, übertrieben falsch zu singen. Alle lachen.

Dann faltet Nika ihren Zettel auseinander: »Sprich einen Jungen mit Tier an – und du wirst unglaublich glücklich sein!«

Alle fangen an zu lachen und zu gackern.

»Was soll das denn heißen?«, fragt Nika.

»Na ja, keine Ahnung«, sagt Finja so unschuldig wie möglich.

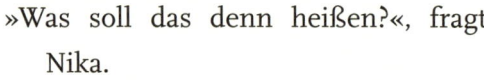

»Aber es bringt bestimmt Glück, wenn du's machst. Ganz, ganz sicher!«

»Was denn für ein Junge mit Tier?«

Finja zuckt mit den Schultern und macht auf ober-mega-ahnungslos.

»Weiß nicht, merkst du dann vielleicht, wenn dir einer über den Weg läuft.«

Nika prustet los. »Und was steht bei dir?«

Langsam rollt Finja ihren Zettel aus: »Es gibt keinen Fahrstuhl zum Glück, du musst die Treppe nehmen.«

Finja sitzt in ihrer Schulbank und kann sich nicht auf die Rechenaufgaben an der Tafel konzentrieren. Wie seltsam: Der Spruch der Fee stammt aus einem Glückskeks? Warum hat Finja ausgerechnet diesen Glückskeks gezogen? Und was soll das überhaupt heißen: Es gibt keinen Fahrstuhl zum Glück?

»Du musst die Wahrheit sagen«, hört sie jetzt wieder die merkwürdige Stimme in ihrem Kopf herumspuken. Aber Finja kann sich nicht vorstellen, dass das die Lösung ist und schon gar nicht der Weg zum Glück. Ganz genau sieht sie Anastasias Gesicht vor sich, sollte die Wahrheit herauskommen. Dieses hochmütige Lächeln.

Hoffentlich ist wenigstens ihr Plan mit Nika aufgegangen. Mo wird heute in der Pause seinen Bernhardiner-Pulli tragen, der Bernhardiner ist so groß, das kann Nika gar nicht übersehen. Das muss einfach klappen. Nika darf den Glückskeksspruch nur bis zur Pause nicht vergessen!

Es war ganz schön schwer gewesen, den Spruch auf Papas Computer so klein zu bekommen und auszudrucken. Sie versuchten alles Mögliche, um das endlich hinzubekommen. Leider kennen sie sich beide nicht gut aus mit Computern.

Fast genauso schwierig war es, Papa aus seinem Arbeitszimmer zu locken. Das ging, nun ja, auch wieder nur mit einer Lüge. Finja hatte behauptet, dass keine Nudeln mehr im Haus wären und sie wahnsinnig Hunger hätte, und wenn Papa nicht sofort welche kaufen würde, dann würde sie Mama einen Brief schreiben, dass sie hier alle ohne sie verhungern müssten. Papa schaute ziemlich erschrocken. Er weiß ja nicht, dass Finja alle ihre Briefe an Mama gar nicht abschickt. Er kam mit acht Tüten Nudeln und vielen anderen Lebensmitteln zurück.

In der Zwischenzeit haben sie es geschafft, das Papier auszudrucken, einen Glückskeks ganz vorsichtig zu öffnen, sodass er nicht bröselte, die Zettel auszutauschen und den Keks wieder zusammenzukleben. Mit Sekundenkleber. Nur ein winziger Tropfen. Zum Glück hat Nika das nicht geschmeckt, und zum Glück hat sie auch nicht gemerkt, dass die Schrift auf ihrem Zettel ganz anders aussah als auf den anderen.

Finja seufzt. Noch drei Tage bis zu den Weihnachtsferien. Wenn nur Mama endlich zurück wäre, wenn nur ...

»Finja?«

Finja blickt auf. Alle schauen sie an, vor allem Frau Reis. Finja hat das Gefühl, dass das schon länger so ist.

»Ja?«

»Ich habe dich gerade etwas gefragt.«

»Ja?«

Frau Reis seufzt. »Also, ich wollte wissen, ob es stimmt, was Lars gerade gesagt hat. Er meinte, dein Vater könnte für unser Krippenspiel vielleicht einen besonderen Bethlehem-Stern basteln, einen Stern, der schwebt.«

»Nein!«, sagt Finja. »Auf keinen Fall!«

»Aber ...«

»Das geht nicht, das geht ganz bestimmt nicht!«

Finja schaut zu Lars, der schaut zu Boden. Wie konnte er sie nur verraten!

Warum hat er das bloß gesagt?

Finja wird ganz schlecht. Jetzt weiß auch noch Frau Reis von der Sache. Was, wenn sie ihren Vater irgendwo trifft?

»Also gut, dann, äh, lassen wir das mal«, sagt Frau Reis. »Wir können ja auch selber noch einen Stern basteln.«

Auf Finja ruht jetzt ein besorgter Lehrerinnenblick. Dann wendet Frau Reis sich wieder den anderen zu.

Finja hört schon wieder nicht mehr zu. Sie starrt auf den Radiergummi auf ihrer Bank. Sie hat es so satt. Sie mag nicht mehr. Soll sie jetzt auch noch Frau Reis anlügen? Und da fällt ihr ein, dass Frau Reis neulich gefragt hat, ob Finjas Eltern zum Elternsprechtag kämen. Wie soll sie verhindern, dass Frau Reis Papa irgendwann trifft?

Finja fühlt sich hohl und gleichzeitig tonnenschwer. Am liebsten würde sie ihren Kopf auf den Tisch legen, so schwer fühlt er sich an. Alles ist durcheinander in diesem Kopf. Fürchterliche Bilder fliegen darin herum. Frau Reis spricht mit Papa. Anastasias Mutter trifft Papa. Mama kommt nie wieder zurück. Ihre Stimme ist für immer kaputt. Lars erzählt allen von den Spezialerfindungen.

»Du musst die Wahrheit sagen«, meinte die Fee. Finja hat das Gefühl, dass die Lügenflut nicht zu stoppen ist. Nicht in drei Tagen. Nicht mit weiteren Lügen.

Es gibt eben keinen Fahrstuhl zum Glück, jetzt kapiert Finja diesen Spruch, und sie flüstert: »Ich tu's.«

Jetzt gleich in der Pause wird sie die Wahrheit sagen, und wenn sie dann keine Freunde mehr hat, dann ist das eben so. Der Radiergummi auf Finjas Bank verschwimmt. Jetzt gleich wird sie es allen sagen, und dann macht sie einfach krank bis Weihnachten. Aber nein, das wäre ja schon wieder gelogen. Egal. Hauptsache, an Weihnachten hat sie endlich ihre Ruhe.

»Tut mir leid, dass ich der Reis von den Geheimerfindungen erzählt habe«, sagt Lars in der großen Pause. »Aber es wär halt nur echt toll, wenn dein Papa so ein paar Spezialeffekte für uns machen könnte! Meinst du nicht, er könnte vielleicht doch ...?«

Finja schüttelt den Kopf.

»Biiiitteee«, sagt jetzt Sina, »frag ihn halt mal! Mensch! Er könnte es doch auch mit der Zaubernuss in der Kirche schneien lassen. Das wär doch super! Jesus und Maria in der Krippe, und es fängt an zu schneien. Voll süß!«

Die anderen stimmen begeistert zu.

»Oder er kann ja irgendwas anderes Tolles erfinden, irgendwas, das nicht geheim ist«, schlägt Tanni vor.

Jetzt, denkt Finja, jetzt sag ich's ihnen.

Sie hebt den Kopf und schaut in die Gesichter der Geheimclub-Mitglieder. Gleich wird es den Club nicht mehr geben. Gleich werden diese Gesichter ganz anders aussehen. Aber sie muss da jetzt durch.

Finja holt tief Luft – und genau in dem Moment sagt Anastasia: »Die Zaubernuss lässt es bestimmt nicht richtig schneien.«

»Wieso nicht?«, fragt Lars.

»In der Nuss sind einfach nur Konfetti drin, und wenn man

sie aufmacht, fliegen die halt raus«, sagt Anastasia in einem künstlichgelangweilten Ton.

»Stimmt das?«, fragt Sina.

Finja schüttelt den Kopf.

»Ich wette zehn Euro, dass es dein Papa nicht in der Kirche schneien lassen kann«, sagt Anastasia und funkelt Finja an.

Und Finja sagt: »Kann er auch nicht.«

Anastasia lächelt triumphierend. Sie lächelt genau so, wie Finja es sich so oft vorgestellt hat. Und dieses Lächeln macht Finja wütend, sehr wütend.

Nur deshalb sagt sie jetzt: »Weil – weil – weil er es nur auf einem kleinen Fleck schneien lassen kann.«

»Wiesoooo?«, fragt Lars sofort, und da muss Finja jetzt erklären, dass es nur auf dem Fleck schneit, wo die Zaubernuss ist.

Und schon sagt Anastasia: »Das ist aber ganz bestimmt kein echter Schnee!«

Und Finja sagt: »Doch, eben schon!«

Und Anastasia sagt: »Glaub ich nicht. Das musst du beweisen.«

Und Finja sagt: »Mach ich!«

»Wann denn? In tausend Jahren?«

»Nein, morgen, gleich morgen!«

Verflucht! Warum hat sie das bloß gesagt? Warum geht lügen nur so viel leichter, als die Wahrheit zu sagen? Finja schaut in Anastasias Gesicht, sie hat immer noch dieses hochmütige Lächeln.

Aber jetzt sieht sie noch was, etwas, das mindestens genauso schlimm ist: Nika. Sie sieht sie nur von hinten. Sie spricht mit einem Jungen. Der Junge hat einen Anorak an mit einem rie-sengroßen Dinosaurier darauf. Nicht weit weg, aber nur von Finja bemerkt, steht Mo. Ganz verfroren sieht er aus, denn er hat seinen Anorak nicht mehr an, nur seinen Pulli, den Pulli mit dem Bernhardiner drauf. Aber was ist ein Bernhardiner gegen einen Dinosaurier? Kann man so viel Pech haben?

Verflucht! Womit hatte er das verdient? Er, das Maskottchen der Stadt! Der freundliche Glücksbringer! Beschützer der Unglücklichen, Helfer in der Not, Retter im Dunkel. Und jetzt so was! In jedem Nasenloch ein Kaugummi?! Nicht zu fassen!

Der ganze Rüssel verstopft! Der ganze Rüdi verstopft! Hätte
er diese zwei Unglücksraben nur nie gesehen! Hätte er nur
nie versucht, sie herbeizublinzeln, herbeizulocken, herbeizu-
wünschen! Das war also der Dank! Seine Glückskanäle
versperrt, verstopft, versiegt? Was für eine Kränkung! Was für
eine Blamage! Noch nie war ein Glücksschwein so unglücklich!

»Kannst du mir noch einmal helfen?«

Finja steht im Türrahmen von Mos Zimmer.

Der sitzt mit dem Rücken zu ihr am Schreibtisch. Langsam
dreht er sich um. Er trägt nicht mehr den Bernhardiner-Pulli.
Der liegt zusammengeknüllt auf dem Bett. Seine Augen sind rot
und klein. Aber darum kann sich Finja jetzt nicht kümmern.

»Du musst mir noch mal helfen«, sagt sie.

»Wie bitte?« Mos Augen werden noch kleiner und sehr zor-
nig.

»Ich soll dir helfen? Nachdem dein bescheuerter Plan überhaupt nicht funktioniert hat! Hast du gesehen, mit wem sie geredet hat???«

»Ja.« Finja hat schon geahnt, dass das kommen würde.

Aber was soll sie denn machen? Sie braucht morgen eine
Zaubernuss. Denn eines hat sie jetzt begriffen: Es ist zu spät,
um die Wahrheit zu sagen. Es geht einfach nicht mehr. Sie kann
es nicht. Sie zieht das jetzt durch, bis Weihnachten.

Finja will sogar auf ihre Weihnachtsgeschenke verzichten,
auf alles. Adventskranz, Plätzchen, sogar auf den Weihnachtsbaum will sie verzichten, wenn nur an Weihnachten die Lüge-
rei aufhört und wenn nur Mama zurückkommt. Dann wird sich

sicher alles ändern. Bis dahin heißt es: durchhalten. Weiterlügen. Und dafür braucht sie Mos Hilfe.

»Ich kann doch nichts dafür«, sagt sie. »Ich konnte doch
nicht wissen, dass da einer mit Dinosaurier-Jacke auftaucht!«

»Ach ja?«, sagt Mo höhnisch. »Soll ich dir mal was sagen:
Dein schwachsinniger Plan hat alles nur noch schlimmer gemacht. Hast du gesehen, wie sie mit dem geredet hat!? Die haben dauernd gelacht!«

»Ja und!« Finja fühlt sich richtig verzweifelt.

Wie soll sie es nur schaffen, dass Mo ihr noch einmal hilft. So
wütend, wie er auf sie ist. Aber sie wollte ihm doch helfen!

»Es ist doch nicht meine Schuld, dass du nicht mit Nika reden kannst!«

»Doch eben schon, weil dein Plan Schwachsinn war!«

»Besser ein schwachsinniger Plan als gar keiner!«

Finja merkt, dass sie jetzt aufpassen muss, sonst wird das
hier nur ein Streit, und sie braucht doch Mos Hilfe.

»Ich kann mir ja noch mal etwas ausdenken, was Besseres,
aber kannst du mir nicht bitte morgen ...«

»Vielen Dank, ich verzichte auf deine Pläne!«

»Aber morgen ...«

Ein Schrei hallt durch die Wohnung. Dann noch einer. Papa
kommt ins Zimmer gestürmt.

»Wer war an meinem Computer?«

Sein Kopf ist sehr rot, seine Haare stehen noch mehr in alle
Richtungen als sonst. Finja und Mo schauen ihn an.

»Alles weg! Alle meine 98 Sprüche sind weg! Was habt ihr an
meinem Computer gemacht?«

Finja wird schlecht. Haben sie etwa Papas Sprüche zerstört? Aber sie haben doch nur einen Spruch ausgedruckt, ihren Spruch.

Mo schaut jetzt noch elender aus als zuvor.

»Das ...«, sagt er.

»Was?«, kreischt Papa. »WAS? Wart ihr an meinem Computer oder nicht?«

Mo und Finja schauen Papa an, und Papa schaut zurück. Für einen Moment ist es ganz still.

Dann stößt Papa einen Schrei aus – es ist eine Mischung zwischen Brüllen und Heulen – und verlässt das Zimmer so schnell, wie er es betreten hat.

»Das hast du jetzt davon«, sagt Mo.

»Was? Was hab ich davon! Du warst doch auch an seinem Computer!«

»Aber nur wegen deiner Schwachsinnsidee!«

»Ich wollte dir nur helfen!«

»Jaaa, super, und jetzt wird Papa wahnsinnig und arbeitslos!«

»Aber doch nicht wegen mir!«

»Doch!«, sagt Mo.

»Nein!«, schreit Finja. Denn jetzt ist ihr ganzer Körper heiß, knallheiß, und sie weiß auch nicht, woher die ganze Wut kommt, die jetzt durch sie hindurchzischt.

»Ich – wollte – nur – helfen!«, schreit sie. »Und du hilfst mir jetzt auch!«

Mo lacht höhnisch. »Sicher nicht!«

»Doch!«

»Nein!«

»Doch!«, schreit Finja, und dann wird ihre Stimme ganz leise, leise und gemein, und sie sagt: »Wenn du mir nicht hilfst, dann sage ich Nika alles über dich.«

Finja sieht, wie Mo erschrickt. Für einen winzigen Augenblick tut es ihr leid. Aber dann wischt sie den Gedanken weg. Anders wird er ihr nie helfen. So ist das nun mal: Keiner kann sich um das Unglück der anderen kümmern, wenn er selbst unglücklich ist.

Würde das Wetter zur Stimmung in Finjas Familie passen, dann müsste der Himmel jetzt schwarz sein, es müsste in Strömen regnen, Donnergrollen müsste man hören. Aber ausgerechnet heute regnet es einmal nicht. Es schneit auch nicht. Das hätte Finja ja enorm geholfen. Im Schneegestöber müsste sie ihre Nuss gar nicht vorführen, Schnee in Schnee sieht ja keiner. Aber nein, es regnet nicht, es schneit nicht, es scheint sogar ein bisschen die Sonne.

In der Küche aber spricht niemand ein Wort. Man hört nur das Knistern von Mos Cornflakes. Finja isst gar nichts. Papa kommt in die Küche geschlappt und sagt kein Wort.

»Gibt's was Neues von Mama?«, flüstert Finja.

Papa knurrt: »SMS. E-Mail geht ja nicht. Mein Computer ...« Sein Gesicht verfinstert so sehr, dass Finja sich nicht traut zu fragen, was denn nun in dieser SMS stand. Sind die Untersuchungen gut verlaufen? Oder schlecht? So wie Papa aussieht, wohl eher schlecht.

Seine Wangen sind unrasiert und blass, seine Augenringe gehen ihm fast bis zum Kinn, und seine Lippen sind fest aufeinandergepresst. Den ganzen gestrigen Nachmittag saß er mit dem Handy vor seinem Computer und hat irgendwelche Not-Nummern und Computer-Hilfsdienste durchtelefoniert.

Finja kann darüber jetzt nicht nachdenken. Sie würde gern mit Mo noch einmal den Plan durchgehen, aber sie traut sich nicht zu fragen.

Sie ist froh, als sie die Wohnung verlassen. Ihre Hausaufgaben hat sie wieder mal nicht gemacht. Dafür war aber auch keine Zeit. Sie musste sich ja überlegen, wie sie Schnee herstellen und transportieren kann. Eigentlich muss es klappen. Sie hat jede Menge weiß gefrorenes Wasser aus der Gefriertruhe gekratzt, es in eine Thermotüte gefüllt und noch Eiswürfel dazugepackt. Das müsste bis zur großen Pause kühl bleiben.

»Hast du die Tüte eingesteckt?«, fragt sie Mo schließlich doch.

»Hm«, brummt der nur.

Keiner sieht den anderen an, und keiner der beiden würdigt Rüdi auch nur eines Blickes. Seine Verwünschungen können sie sowieso nicht hören.

Vor der Pause wird schon wieder für das Krippenspiel geprobt. Nur noch zwei Tage, dann treten sie in der Kirche auf. Zum Glück ist Finjas Text so kurz. Sie kann ihn sich trotzdem nicht gut merken.

Vor allem dieses »Sei gegrüßt, Begnadete!« bringt sie einfach nicht heraus. Wie denn auch, wenn einem eine spöttisch grinsende Maria gegenübersteht, die schon vor der ersten Stunde verkündet hat, dass sie niemals glaubt, dass Finja es in der Pause schneien lassen wird.

Einmal sagt sie sogar aus Versehen: »Sei gegrüßt, Gebadete!«

Die anderen lachen sich schlapp, aber Finja lacht nicht mit.

Sie wird bestimmt über-
haupt nie mehr lachen
können, auch nicht, wenn der
Zaubernusstrick funktioniert.
Denn jetzt ist sie nicht nur eine
Lügnerin, jetzt ist sie auch noch
eine Erpresserin. Und an Felix will sie
gar nicht denken. Bei dessen Barthaaren
hat sie schließlich geschworen, Mos Geheimnis nie zu verraten. Bestimmt wird
sie nie mehr in Mos Bett liegen und Otto
an sich pressen dürfen.

Die Zeit bis zur Pause vergeht viel zu schnell. Hoffentlich schafft es Mo auf das Dach des Mülltonnenhäuschens,
ohne gesehen zu werden! Hoffentlich ist der Gefrier-
schrank-Schnee noch nicht geschmolzen!

Finja will gerade das Klassenzimmer verlassen, da hält Frau
Reis sie auf.

»Sag mal, Finja, geht's dir nicht gut?«

»Doch!«, sagt Finja schnell. Du meine Güte, sie muss runter
in den Pausenhof.

»Du hast heute schon wieder keine Hausaufgaben gemacht.
Hast du vielleicht Ärger zu Hause?«

»Nein.«

»Ich hab den Eindruck, du bist mit deinen Gedanken immer
woanders.«

»Nein, ich ...«, sagt Finja. »Ich will nur, also ich will nur, dass
endlich Weihnachten ist.«

»Aha«, sagt Frau Reis.

»Also ich würde vor Weihnachten doch noch gern mit deiner Mutter sprechen.«

»Die ist nicht da.«

»Ach so. Wo ist sie denn?«

»In Hamburg. Sie darf nicht sprechen. Sie hat ein Problem mit ihrer Stimme.«

»Oh.«

Frau Reis weiß kurz nicht weiter, und Finja wendet sich schon zum Gehen.

»Dann spreche ich eben mit deinem Vater.«

»Der hat keine Zeit.«

Finja schaut auf ihre Füße. Sie muss jetzt hier weg.

»Also ich frage ihn mal, okay? Er könnte gleich morgen in meine Sprechstunde kommen. Ich schreibe dir das in dein Hausaufgabenheft, bring mir bitte morgen die Antwort. In Ordnung?«

»Ja!«, sagt Finja, auch wenn ihr die Ohren klingeln, denn das alles erfordert wieder eine Lüge, das ist Finja sofort klar.

Aber jetzt muss sie in den Pausenhof. Die anderen warten, und Mo liegt – hoffentlich – schon auf dem Dach des Mülltonnenhäuschens.

»Kann ich jetzt in die Pause?«, fragt sie und hebt den Kopf. Frau Reis nickt und schaut Finja nach, als sie blitzschnell aus dem Klassenzimmer verschwindet.

»Wo warst du denn so lange?«, fragt Sina aufgeregt.

Finja ist schnurstracks zum Mülltonnenhäuschen gelaufen, und die anderen sind ihr gefolgt.

»Was wollte denn die Reis von dir?«, fragt Lars.

»Nix«, sagt Finja nur und zieht die Walnuss hervor.

Sie traut sich nicht, nach oben zu schauen, um zu überprüfen, ob Mo Position bezogen hat. Sonst schauen die anderen auch da hin und entdecken ihn noch. Sie folgen ihr gerade alle wie kleine Hündchen. Jede ihrer Bewegungen wird beobachtet.

Jeden Tag war Finja im Mittelpunkt ihrer Freunde. Manchmal fühlte sie sich mächtig wie eine Zauberin, aber meist ist sie eine Zauberin mit Bauchweh und lauter hohlen Zaubertricks. Ein Wunder, dass sie bis jetzt noch nicht aufgeflogen ist.

»Das ist eine ganz normale Walnuss«, sagt Anastasia trocken.

»Wenn ich sie öffne, sage ich einen Zauberspruch, und dann schneit es«, sagt Finja so laut wie möglich. Dabei zittern ihre Finger.

»Echt?«, ruft Sina.

»Los!«, flüstert Lars.

Alle starren auf die Nuss. Finja hat sie zu Hause vorsichtig geöffnet und ausgehöhlt.

»Ich mach sie jetzt auf«, sagt Finja, und alle starren gebannt auf ihre vor Kälte roten Finger.

Langsam öffnet sie die Nuss. Laut, so laut, dass Mo es hören müsste, wenn er denn auf dem Dach liegt, sagt sie: »Eins – zwei – drei: Schnee, komm herbei!«

Das Innere der Nuss ist golden. Das ist Bastellack. Alle schauen auf die goldene Farbe.

»Wow!«, staunt Tanni.

»Au!«, schreit Anastasia. Etwas ist auf ihren Kopf gefallen, dort abgeprallt und schlägt nun auf dem Boden auf. Klonk, lauter kleine Eiskristalle liegen dort.

»Du fiese Kuh!«, schreit Anastasia. »Du hast mir einen Eisklumpen an den Kopf geworfen!«

»Ich?«, sagt Finja und lässt vor Schreck die Nuss fallen.

»Ja, du, das ist ein ganz gemeiner Trick!«

»Ist das jetzt Schnee?«, fragt Lars und schaut auf die Eiskristalle am Boden.

»Nein!«, schreit Anastasia. »Das ist ein Eisklumpen. Den hat die mir an den Kopf geworfen. Bestimmt sind noch mehr in ihrer Tasche!«

Anastasia geht auf Finja zu.

Finja geht zwei Schritte zurück.

»Lass deine Taschen sehen!«

»Nein!«, sagt Finja. Aber Anastasia packt Finja jetzt am Handgelenk. Ganz fest. Finja stößt Anastasia zurück, viel fester als gewollt, und Anastasia fällt auf den Boden.

Sie fängt augenblicklich an zu plärren. Frau Ebert, die heute Pausenaufsicht hat, kommt angestürzt.

»Finja hat mich geschubst!«, schreit Anastasia unter Tränen. »Mein Arm!«

Sie hält sich den Ellenbogen.

Finja ist ganz starr vor Schreck. Das wollte sie nicht!

»Hast du Anastasia wirklich geschubst?«, fragt Frau Ebert.

»Ja!«, schreit Anastasia. »Und vorher hat sie mir einen Eisklumpen an den Kopf geworfen!«

»Stimmt das?«, fragt Frau Ebert in die Runde. Alle schauen betreten zu Boden, was für Frau Ebert so viel wie »Es stimmt« bedeutet.

Anastasia heult immer lauter, und auch Finja kommen jetzt die Tränen. Aber Frau Ebert kümmert sich jetzt nur um Anastasia. Sie hilft ihr auf und spricht beruhigend auf sie ein.

»Wir gehen jetzt ins Sekretariat und schauen uns deinen Arm mal an«, sagt sie freundlich, und in einem ganz anderen Tonfall befiehlt sie Finja: »Und du kommst mit!«

Auf dem endlos langen Weg zum Schulhaus redet Frau Ebert auf Finja ein.

»Warum hast du das gemacht? Schau mal, wie weh deiner Mitschülerin jetzt der Arm tut! Rede mit mir!«

Aber aus Finjas Mund kommt kein Wort. Sie starrt nur vor sich hin.

Kurz vor dem Schuleingang hebt sie dann aber den Blick. Denn sie hört ein Kreischen, drei Mädchen schreien »Ihhhhhhh!«, und eines dieser Mädchen ist Nika.

Finja dreht sich um und sieht, wie Nika auf Mo zeigt. Dann stupst sie eine ihrer Freundinnen an, und alle drei kichern ziemlich laut. Mo fasst sich mit den Händen an seine Hose, dann starrt er auf seine Hände und dann wieder auf die Hose. Die Jeans, die mal hellblau war, hat jetzt große grau-weiße Flecken und schaut ganz schlabbrig und eklig aus. Fast so, als hätte er in die Hose gemacht.

Mos Kopf wird knallrot, das sieht Finja, als er wie von der Tarantel gestochen an ihr vorbeirennt, mit einem Blick, der so verzweifelt ist, dass es Finja ganz schlecht wird.

Mo spricht genau noch drei Sätze mit Finja. Als sie ihn zu Hause fragt, warum er einen Eiswürfel auf Anastasia geworfen hat, schreit er:

»Er ist mir ausgerutscht!« Das ist der erste Satz, und der zweite: »Das ganze Dach war voller aufgeweichter Taubenscheiße.« Und der dritte: »Den ganzen Tag musste ich mit der verdreckten Hose herumlaufen!«

In dem Moment ist seine Hose schon in der Waschmaschine, dort dreht sie ihre Runden und verstreut kleine weiße Papierkügelchen, die einmal ein Brief an Nika waren.

Finja weiß ja, warum Mo so sauer ist. Sie hat ihn zu etwas gezwungen, wozu er keine Lust hatte, und dann ist daraus noch seine ganz persönliche Katastrophe geworden. Vermutlich ist ihm die Sache mit der vollgekackten Hose so peinlich, dass er sich jetzt nicht einmal mehr traut, Nika überhaupt nur anzusehen – vom Ansprechen ganz zu schweigen.

Mo schiebt Finja wortlos aus seinem Zimmer, knallt die Tür zu und sperrt ab. Finja klopft noch einmal leise, aber Mo reagiert nicht. Dabei hätte Finja jetzt so gern mit jemandem gesprochen.

Liebe Mama,

es ist alles noch <u>viel viel schlimmer!</u>
Mo ist jetzt total sauer auf mich und
hat mir die Türe vor der Nase zugeknallt.
Papa sagt gar nichts mehr, weil alle seine
Sprüche verschwunden sind. Er hat uns nicht
einmal deine SMS vorgelesen. Frau Ebert
hat die ganze Zeit auf mich eingeredet wegen
Anastasia und Frau Reis hat die ganze Zeit
den Kopf geschüttelt. Anastasia hat gesagt,
ich möchte immer die Bestimmerin sein
und darum würde ich die ganze Zeit von
meinem Adventskalender erzählen und dass
ich sie geschubst hätte, weil sie mich nicht
dauernd bewundert, wie die anderen.
Dabei ist alles doch ganz anders. Ich wollte sie gar nicht
schubsen! Jetzt soll Papa morgen in die Sprechstunde
kommen, aber das geht doch nicht. Dann erfährt er
ja alles und dann ist Weihnachten erst recht im
Eimer. Ich wollte das alles nicht !!! Und du

Jetzt, als Finja an Mama und ihre Untersuchungen denkt, zerknüllt sie den Brief und wirft ihn weg. Was soll das bringen, einen Brief an Mama zu schreiben, den sie ihr ja nicht schicken kann. Denn wenn sie Mama alles erzählt, dann wird an Weihnachten ja auch nicht alles gut. Was würde sie dazu sagen, wenn sie erfährt, dass Finja in ihrer Abwesenheit eine Niete in der

Schule, ein Raufbold, eine Erpresserin und eine Lügnerin geworden ist? Wahrscheinlich würde sie sofort wieder einen Knoten in den Hals bekommen.

Finja sitzt da und starrt vor sich hin. Neben dem zerknüllten Brief liegt ihr Hausaufgabenheft, in dem ihr Vater unterschreiben soll, dass er morgen in die Sprechstunde kommt. Was soll sie bloß machen?

Gerade ist wieder ein Freund von Papa da, der sich – im Gegensatz zu Papa – mit Computern auskennt. Papa ist völlig unansprechbar. Natürlich könnte sie ihm das Hausaufgabenheft wieder so unterjubeln, wie letztes Mal den Brief vom Hort, aber was, wenn er dann wieder automatisch unterschreibt, aber eben nicht in die Sprechstunde kommt? Dann ruft Frau Reis ihn vielleicht an. Und dann?

Auf einmal hält es Finja nicht mehr aus in ihrem Zimmer. Hinter der Wand rechts von ihr hockt Mo und ist todunglücklich, hinter der Wand links von ihr ist Papa, auch todunglücklich. Sie hat das Gefühl zu ersticken. Sie muss jetzt hier raus.

Also schleicht sie sich zur Garderobe und packt ihre Jacke. Niemand bemerkt, wie sie die Wohnung verlässt. Warum sie dann sofort und ohne zu überlegen den Weg zum Weihnachtsmarkt nimmt, weiß sie auch nicht. Vielleicht zieht sie der Gedanke an warme gebrannte Mandeln an, vielleicht ist es aber auch ganz etwas anderes, das sie in diese Richtung führt. Vor dem Rathaus bleibt sie abrupt stehen.

»Finja!«, ruft jemand. »Finja!«

Da ist die Fee und winkt ihr zu. Sie steht direkt neben Rüdi.

»Wie geht es dir?«, fragt sie in ihrem komischen Singsang, als Finja bei ihr ist.

»Schlecht«, sagt die.

»Immer noch Sache mit Adventskalender?«, fragt die Fee.

Finja nickt. Dann murmelt sie: »Mo spricht nicht mehr mit mir. Papas Computer ist kaputt, alle seine Sprüche sind weg. Ich hab Anastasia geschubst. Und Frau Reis will Papa sprechen.«

»Hm«, sagt die Fee, »Glück hat verstopfte Nase, was? Genau wie Schwein.«

Sie nickt zu den beiden Kaugummis in Rüdis Schnauze. Wer hat bloß den zweiten hingeklebt? Finja hat die ganze Zeit den Eindruck, als würde das Schwein sie vorwurfsvoll anstarren. Erst jetzt merkt sie, dass die Fee einen Putzlappen in der Hand hat.

»Was machst du da?«, fragt sie die Fee.

»Och, ich mache sauber. Saubermachen macht glücklich, weißt du.«

Sie reibt geschäftig auf Rüdis Nase herum.

»Ich glaube, du solltest auch ein bisschen sauber machen.«

Sie wühlt in ihrer Kitteltasche und drückt Finja ein zweites Putztuch in die Hand.

»Schau mal, Ohren sind auch ganz schmutzig!«

Tatsächlich hat sich über Rüdis Ohren eine graue Schmutzschicht gelegt.

»Na los!«, sagt die Fee und nickt Finja freundlich zu.

Finja beginnt, Rüdis Ohren zu reiben. Erst kommt sie sich blöd vor, aber dann findet sie es besser, als allein durch die Stadt zu laufen.

»So«, sagt die Fee nach einer Weile stillen gemeinsamen Put-
zens, »und jetzt machen wir Nase frei. Armes Schwein braucht
Luft!« Sie lächelt.

Finja bekommt ein komisches Gefühl im Bauch. Fast hat sie
Angst, dass das Schwein nach ihr schnappt, wenn sie ihm zu
nahe kommt. Aber einer der beiden Kaugummis, die da in sei-

nen Nasenlöchern stecken, ist nun mal von ihr. Wenn der Fall kriminalistisch untersucht werden würde, könnte man noch ihre Zahnabdrücke auf dem Gummi nachweisen. Raus damit!

Finja holt tief Luft. Dann packt sie den Kaugummi mit Daumen und Zeigefinger und zieht ihn mit einem festen Ruck aus dem Nasenloch. Er ist schon ziemlich hart und eklig. Mit weit vorwärtsgestreckter Hand trägt sie ihn zum nächsten Mülleimer. Weg damit!

Als sie zu Rüdi zurückkommt, ist auch der zweite Kaugummi verschwunden. Rüdis Schnauze glänzt so schön wie nie. Natürlich sieht das Schwein ansonsten aus wie immer, aber Finja hat trotzdem den Eindruck, als würde es auf einmal viel zufriedener wirken. Vielleicht sogar mehr als zufrieden, das Glücksschwein sieht glücklich aus. Ja, genau.

»Und jetzt?«, fragt Finja.

»Jetzt machst du auch in deinem Kopf sauber«, sagt die Fee und tippt Finja auf die Stirn.

»Alle Sorgen müssen da raus. Weg damit!«

»Alle Sorgen?«, wiederholt Finja. »Und die Lügen?«

»Das geht in einem Aufwasch«, sagt die Fee, klopft Finja auf die Schulter, packt ihre Putzlappen ein und geht davon. Einmal dreht sie sich noch um und winkt.

»Aber ...!«, ruft Finja.

»Wenn du Glück Weg frei machst, kann es auch kommen!«, ruft die Fee ihr zu, dann ist sie weg. Verschwunden.

Wieder zu Hause, sitzt Finja auf ihrem Bett und starrt vor sich hin. Bis sie ein Fiepen aus den Gedanken reißt. Felix. Er hat sich in seinem Käfig auf die Hinterbeine gestellt und knabbert an den Gitterstäben herum. Dabei sind ein paar Meerschweinchenköttel aus dem Käfig gekullert. Jetzt weiß Finja, was sie tun muss: Käfig putzen.

Vorsichtig holt sie Felix heraus. Wie weich sein Fell ist! Sie streicht ihm immer wieder darüber. Dann hält sie ihn ganz nah an ihr Gesicht und gibt ihm ein Bussi auf die Nase. Wie schön ist es, so einen weichen flauschigen Felix zu haben.

Sie setzt ihn auf den Boden und flüstert: »Na los, lauf ein bisschen herum.« Dann holt sie eine Tüte aus der Küche und kippt das schmutzige Meerschweinchenstreu hinein. Mit einem Schwamm macht sie den Käfig gründlich sauber, richtig sauber. Wenn Mama zurückkommt, soll wenigstens Felix' Käfig ordentlich aussehen. Sie bedeckt den Boden mit frischem Streu, das riecht gut. Saubermachen macht wirklich ein bisschen glücklich, denkt sie. Die Fee hat recht. Alles muss weg, der ganze Schmutz in ihrem Kopf muss raus.

Im Kühlschrank findet sie noch eine Karotte für Felix. Sie ist zwar schon etwas schrumplig, aber immerhin. Finja setzt Felix auf ihren Schoß.

»Du bist mein Glücksschwein«, flüstert sie ihm ins Ohr, und dann lächelt sie.

Was würde Felix wohl sagen, wenn er ihr auch etwas ins Ohr flüstern könnte? Vermutlich: »Geh zu deinem Papa und sag ihm alles.«

Felix zwinkert Finja zu, und Finja nimmt Felix mit und geht zu Papa.

Sie sagt: »Papa, ich muss dir was Wichtiges sagen.«

Und dann erzählt sie ihm alles, die ganze Adventskalendergeschichte. Papa hört ihr zu, nur ihr. Er unterbricht sie nicht, und er stellt keine blöden Fragen, und er sagt schon gar nicht, dass er eine Blockade hat.

Er umarmt sie ganz fest und sagt: »Das bekommen wir beide doch wieder hin.«

In dem Moment hüpft Felix aus Finjas Armen direkt auf die Computertastatur, er läuft darauf herum, und auf einmal erscheinen alle verlorenen Glückssprüche auf dem Bildschirm.

Papa küsst Finja und Felix, ja sogar den Bildschirm, und da macht es »pling«, und Mama erscheint per Skype und sagt: »Schaut mal, meine Koffer sind schon gepackt. Ich komme morgen!« Dann ...

Finja fühlt etwas Warmes auf ihrem Schoß. Felix hat gekackt! Finja setzt ihn schnell in seinen Käfig zurück. Wenn man in einen Hundehaufen tritt, soll das ja Glück bringen. Gilt das auch für Meerschweinchenkacke auf der Hose? Finja wechselt ihre Anziehsachen gegen ihren Schlafanzug, dann holt sie tief Luft und geht zu Papa. Diesmal in echt.

»Papa?«

»Hallo, Finja!« Auf Papas Stuhl sitzt nicht Papa, sondern Norbert, Papas Freund.

Er dreht sich nur kurz zu ihr um, dann sagt er: »Jetzt steck mal wieder ein!«

Finja hört einen Laut, ein Grunzen. Papa liegt unter dem Tisch und steckt das Computerkabel in die Steckdose.

»Also wenn's jetzt nicht klappt, bin ich mit meiner Weisheit am Ende«, sagt Norbert und schaltet den Computer ein.

»Papa«, sagt Finja, »ich muss dir was sagen, was Wichtiges.«

»Au!« Papa hat sich beim Versuch, unter dem Tisch hervorzukriechen, den Kopf angehauen. »Ahhhhh!« Er rennt durch das Zimmer und hält die Hand an die Stirn. Dann starrt er auf das Computerbild, das langsam hochfährt.

»Und?«, sagt er. Aber nicht zu Finja, sondern zu Norbert.

»Abwarten«, antwortet der.

»Papa!«

»Gleich, nachher, nicht jetzt.« Papa schaut immer nur auf den blöden Bildschirm.

»Ich muss dir was Wichtiges sagen.«

»Okay, okay, ich komm noch mal, wenn du im Bett bist, in Ordnung?«

Papa krallt seine Hände in den Stuhl, auf dem Norbert sitzt, und beide beobachten den Bildschirm, als wäre es der letzte Elfmeter beim Finale der Fußball-WM.

»Versprochen?«

Papa nickt und reibt sich die Stirn.

Finja wartet im Bett auf ihn. Bis sie einschläft.

Die Wohnungstür fällt krachend ins Schloss, und Finja ist wach. Sie schaut auf die Uhr. Halb acht! Verschlafen. Mo hat sie nicht geweckt. Sie springt aus dem Bett, Mo ist ohne sie zur Schule gegangen.

»Papa!«

Finja rennt ins Schlafzimmer. Papa ist unter einem hohen Deckenberg vergraben.

Er ist nicht gekommen. Er hatte es versprochen!

Finja zieht sich an, nimmt ihren Schulranzen und läuft zur Schule. Sie rennt vorbei an Rüdi, ohne ihn auch nur eine Sekunde anzublicken.

Halt! Momentchen! Heho! Weg ist sie. Diese Kinder! Einmal so, einmal so. Aber was soll's, nichts kann heute seine gute Laune trüben. Hach! Seine Schnauze ist befreit, seine Ohren glänzen, sein ganzer Körper ist so leicht und locker, als wäre er aus Watte. Es geht doch nichts über eine eingehende Ganzkörpermassage! Grrrrrzzzz, von zarten Feen- und Kinderhänden. Rüdi grunzt zufrieden. Auf seinen glücklichen Rüssel fällt ein Sonnenstrahl und lässt ihn glänzen wie pures Gold. Was für ein Glückstag!

Was soll Finja zu Frau Reis sagen? Papa hat sie im Stich gelassen! Was soll sie jetzt machen?

Gerade noch rechtzeitig stürzt Finja ins Klassenzimmer und sieht als Erstes Anastasia. Doch Anastasia fragt nicht, was heute in Finjas Adventskalender war, Anastasia sagt gar nichts zu Finja. Kein Wort.

»Du kannst deine Jacke gleich anlassen, Finja«, sagt dafür Frau Reis.»Wir gehen jetzt gleich in die Kirche zur Generalprobe. Zieht bitte alle eure Jacken an!«, ruft sie in die Klasse, und das übliche Durcheinander geht los.

Niemand redet über Adventskalender. Niemand fragt nach Finjas Hausaufgabenheft. Alle reden nur über das Krippenspiel. Keiner spricht mit Finja. Die trottet mit den anderen zur Kirche.

Es dauert eine Ewigkeit, bis jeder weiß, wo er morgen bei der Aufführung genau zu stehen hat. Dann beginnen sie zu proben. Wer gerade nicht dran ist, sitzt in der Kirchenbank und schaut zu. Die Zuschauer müssen ganz, ganz leise sein, wiederholt Frau Reis immer wieder.

Anastasia ist in Topform. Ihr Arm scheint ihr jedenfalls nicht mehr wehzutun. Sie spielt eine vor Selbstbewusstsein strotzende Maria, die sich alle drei Minuten über ihr blaues Kleid fährt oder sich die langen offenen Haare aus dem Gesicht streicht.

Finja spielt einen traurigen Erzengel Gabriel, der zu leise spricht und nuschelt. Den Text hat sie auch schon wieder vergessen, was Maria genervt mit den Augen rollen lässt. Frau Reis hat einen roten Kopf und ist ziemlich gestresst. Finja ist nicht die Einzige, bei der der Text nicht sitzt. Josef fällt hin, als er auf die Bühne kommen soll, zwei Hirten spielen Schafe statt ihrer

Rollen, und zwei der Heiligen Drei Könige streiten sich so um das Jesuskind, dass sie ihm einen Arm ausreißen. Zum Glück ist Jesus nur eine Babypuppe.

Als sie wieder in die Schule zurückkehren, ist Frau Reis völlig erschöpft. Vielleicht vergisst sie deshalb, Finja nach ihrem Papa zu fragen. Überhaupt kümmert sich niemand um Finja. Alle sind mit ihren Gedanken woanders. Oder täuscht sich Finja? Hat sich jetzt vielleicht doch noch alles von selbst gelöst? Genügt es vielleicht, nur die Wahrheit sagen zu *wollen*? War es das, was die Fee meinte? Und bewahrt sie Finja jetzt vor dem Rest? Ist jetzt nicht alles wieder so wie früher?

Finja linst zu Anastasia. Die beachtet sie nicht. Frau Reis redet mit anderen Kindern und beachtet sie nicht. Lars, Sina und Tanni haben ihre Köpfe zusammengesteckt und kichern. Nein, so fühlt sich das Glück nicht an.

Vor Finja steht ein riesiger Putzeimer. Er ist knallrot und aus Plastik. Sie muss eine Leiter holen, um hineinschauen zu können. Was ist da drin? Oben angekommen, graust es ihr. Ein widerlicher Geruch nimmt ihr den Atem. Finja wird schlecht, sie will weg. Schnell klettert sie die Leiter hinunter, aber sie verheddert sich mit einem Fuß, rutscht ein Stück und fällt ein Stück, dann plumpst sie unsanft auf dem Boden auf. Felix schnuppert an dem Eimer herum.

»Geh da weg!«, ruft Finja. Felix will die Leiter hinaufklettern. »Nicht!«

Finja schreit, aber sie hat keine Stimme. Felix darf nicht in den Eimer fallen. Finja nimmt all ihre Kraft zusammen und stößt gegen den Eimer. Der Eimer ist plötzlich ganz leicht. Er kippt. Eine riesige Menge Wasser ergießt sich über den Boden, Seifenblasen steigen auf. Wo ist Felix?

»Feeeeelix!«, schreit Finja.

»Hejhejhej«, sagt Papa.

Finja schlägt die Augen auf. Papa sitzt an ihrem Bett.

»Hast wohl schlecht geträumt, was?«

Wieso sitzt Papa an ihrem Bett?

»Ist was passiert?«, fragt sie erschrocken.

»Passiert? Äh, nein, wieso? Du hast so komische Geräusche von dir gegeben. Aber egal! Ich habe Frühstück gemacht! Wo doch ein besonderer Tag ist.«

»Wieso?«

Gerade geht Finja alles zu schnell. Papa hat Frühstück gemacht? Wieso ist er so fröhlich?

»Na, dein letzter Schultag vor den Ferien. Gratuliere.«

»Das weißt du?«, fragt Finja völlig erstaunt.

Papas Gesicht fällt ein bisschen in sich zusammen. Etwa so wie Mamas Käsekuchen, wenn man ihn heiß aus dem Ofen holt.

Papa fährt Finja über den Arm.

»Ich bin ein ganz schön miserabler Papa, was?«

Finjas Gesicht verdüstert sich. Ach so, Papa hat ein schlechtes Gewissen, weil er vorgestern nicht mehr gekommen ist. Aber jetzt wird sie ihm auch nichts mehr erzählen. Ganz sicher nicht. Zu spät. Sie wird jetzt diesen letzten Schultag auch noch durchstehen, und dann ist der Spuk vorbei. Vielleicht.

»Jetzt schau nicht so finster. Ich habe lauter gute Nachrichten, willst du sie hören?«

Finja zieht nur die Füße unter ihrer Bettdecke an, ansonsten verzieht sie keine Miene.

»Also, tataaaaaa, gute Nachricht Nummer eins: Mein Computer funktioniert wieder! Alle Sprüche sind da. Na ja, außer denen, die schon immer gefehlt haben.«

Finjas Nase zuckt. Ach so ist das, der Computer funktioniert wieder, und damit ist die Welt auch wieder in Ordnung, oder was? Ein ganz kleines bisschen ist sie aber doch erleichtert, wenigstens das Problem ist sie los. Ob die Fee ...?

»Tatooooo, gute Nachricht Nummer zwei: Mama ist morgen wieder da!«

»Was!?«

Finja setzt sich auf, ihr Herz schlägt schneller. Mama kommt! Am liebsten würde sie einen Luftsprung machen! Ist das möglich? Ist das hier ein Traum? Alles löst sich plötzlich auf! Und sie muss nur noch heute dieses blöde Krippenspiel hinter sich bringen, dann ist alles vorbei. Die ganze Adventskalendergeschichte ist dann vorbei. Alles wird gut! Die Fee muss doch ...

»Tatööööö, gute Nachricht Nummer drei: Ich komme mit zum Krippenspiel!«

»Was?!«

Das darf nicht wahr sein! Warum will Papa mitkommen? Woher weiß er überhaupt davon? Wenn er mitkommt, trifft er am Ende Frau Reis! Und wenn nicht sie, dann die anderen Kinder, und dann fliegt alles doch auf, so kurz vor Ende, und Mamas Rückkehr und Weihnachten und alles ist vermasselt. Das darf nicht sein!

»Nein!«, sagt Finja. »Auf keinen Fall!«

Auf Papas Stirn legen sich jede Menge Falten quer.

»Wieso denn nicht?«

»Weil, äh, musst du nicht arbeiten? Der Computer geht doch wieder?«

»Egal! Heute leg ich 'ne Pause ein. Was soll's. Ich will dich doch in der Kirche bewundern! Wen spielst du eigentlich? Das Jesuskind?«

»Aber ...«

»Und überhaupt solltest du jetzt mal aufstehen, wir müssen bald los! Oh, die Milch!«

Papa rennt davon. Finja hört ihn in der Küche fluchen. Die Milch ist übergekocht.

Was soll sie jetzt bloß machen? Es ist wie verhext!

Mo sitzt schon am Küchentisch. Er würdigt sie keines Blickes. Er spricht kein Wort mit ihr, und sicher wird er nicht mit ihr zusammen in die Kirche gehen.

»Hallo«, murmelt Finja.

»Wann beginnt denn der Gottesdienst? Schon um acht?« Papa gießt Finja den Teil der Milch ein, der nicht übergelaufen ist.

»Acht Uhr dreißig«, sagt Finja. »Aber ich muss schon um acht da sein.«

Finja hat gar keine Lust auf Milch und Frühstück. Sie braucht einen Plan. Sie muss Papa davon abbringen, in die Kirche zu kommen. Was könnte ihn abhalten? Die Blockade! Die hat ihn doch die restlichen Wochen auch von allem abgehalten. Finja denkt an die Blockade, das Rüsselwesen mit den großen Ohren. Es grinst frech und streckt Finja die Zunge raus.

»Ich glaube, du solltest heute wirklich an deinen Sprüchen arbeiten«, sagt Finja.

»Wieso?« Papa setzt sich zu ihr an den Tisch.

»Heute fällt dir bestimmt was ein! Und wann ist noch mal der Abgabetermin?«

Papa seufzt. »Am Montag!«

Finja lebt auf. »Na also, dann kannst du doch jetzt nicht in die Kirche. Ehrlich, wegen mir musst du da echt nicht hin, ich hab nur eine kleine Nebenrolle, und die ist mir ganz egal. Bleib lieber zu Hause und schreib deine 13 Sprüche.«

Mo schnaubt. Hoffentlich durchschaut er sie nicht und erzählt Papa gleich, warum sie so auf ihn einredet.

»Na ja, vielleicht«, sagt Papa und fährt sich durch das Haar.

»Fang doch einfach gleich an!«

»Na ja«, sagt Papa noch einmal. Eines ist sicher, wenn er einmal in seinem Arbeitszimmer hockt, wird er da nicht so schnell rauskommen.

»Hm.« Papa schaut Finja mit traurigen Augen an. Er hat definitiv ein schlechtes Gewissen.

»Also, ich geh dann mal.« Finja trinkt ihre Milch aus und verschwindet schnell im Badezimmer.

Als sie fertig ist, ist Mo schon weg. Papa sitzt immer noch am Küchentisch. Wenn ihn bloß endlich sein Arbeitszimmer verschlucken würde!

»Dann bis heute Nachmittag!«, sagt Finja, so fröhlich sie kann, und geht schnell aus der Wohnung.

Hach, Schulferien! Nur noch ein Tag, dann sind sie da.
Zufrieden blinzelt Rüdi in den Morgennebel. Rüdi liebt die
Ferien, denn dann kann er jeden Tag ausschlafen. Kein
Schülerlärm mehr, kein Getrampel und Gekreische, nur Ruhe.
Hier und da ein Spaziergänger, der ihm freundlich über die
blanke Schnauze streicht. Ach ja! Grmpf, kaum gedacht, kommt
sie schon, die Horde. Nanu? Biegen die nicht alle falsch ab?
Geht's heute nicht in die Schule? Oha, was ist das denn für
eine? Eiskalte Finger! Reichlich bedrückt, die Kleine. Was hat
sie gesagt? Wo denn der Josef nur bleibt? Und schon ist sie weg,
Rüdi blickt dem Mädchen nach. Schon bald verschwindet ihre
rosa Glitzermütze mit dem roten Bommel darauf zwischen den
anderen Kindern.

Finja ist mit gesenktem Kopf schnurstracks an Rüdi vorbei zur
Kirche gegangen. Nicht sehr schnell. Obwohl sie heute keinen
Schulranzen auf dem Rücken trägt, fühlt es sich an, als würde
sie irgendetwas zu Boden ziehen.

Das Tor zur Kirche ist offen. Als sie eintritt, riecht sie sofort
diesen Kirchengeruch, irgendwie komisch und kalt. Es ist dunkel, nur vorne am Altar leuchten ein paar Lampen. Dort sieht sie
die anderen. Finjas Schuhe klackern auf dem glatten Boden.

Wie hoch die Wände sind! Was für unheimliche Figuren von den Wänden auf sie herunterblicken! Vor dem Altar steht Pfarrer Nöttgen und schiebt an den Kulissen herum. Frau Reis kommt Finja entgegen.

»Da bist du ja! Komm, du musst dein Kostüm anziehen!«

Frau Reis schaut schon wieder recht gestresst aus. Die hat das Gespräch mit Papa völlig vergessen, denkt Finja.

»Aber Finja!« Frau Reis hält Finjas Kostüm in den Händen, weißes Kleid mit weißen Flügeln. »Du solltest doch eine weiße Strumpfhose anziehen!«

Finja blickt auf ihre Beine. Die stecken in einer schwarzen Strumpfhose. Schwarz wie der Teufel. Ich und ein Engel?, denkt Finja. Warum hab ich bloß diese blöde Rolle bekommen? Am liebsten würde sie aus der Kirche laufen.

»Na ja, egal.« Frau Reis wedelt mit dem weißen Kleid vor ihr herum. »Zieh dich schnell um, ja?«

Die anderen sind alle total überdreht und aufgeregt. Alle paar Minuten ruft Pfarrer Nöttgen: »Ruhe, Kinder, Ruhe!«

Frau Reis wuselt hierhin und dorthin. Lars findet seinen Josefshut nicht, das Jesus-Baby wird vermisst, der Bethlehem-Stern kracht herunter. Alle wispern, flüstern und kichern durcheinander, alle haben Spaß, keiner spricht mit Finja.

Wo ist Anastasia? Finja sucht mit den Augen die Kirche ab, aber sie sieht sie nicht. Dann fährt ihr ein fürchterlicher Schreck in die Glieder. Neben ihr steht der Teufel. Sein Mund ist offen, seine Augen riesig, gierig blickt er sie an. Sein Schwanz wickelt sich um die Säule, neben der Finja steht. Noch nie ist Finja diese Statue aufgefallen. Sie schaut schnell weg. Auf der anderen

Seite thront ein Engel. Seine Haare sind glatt, mittellang und rötlich. Um seinen Kopf hat er einen Heiligenschein und in seiner Hand eine Art Lanze. Der Engel schaut zum Teufel und der Teufel zum Engel, und zwischendrin steht Finja und wünscht sich hier weg.

»Ich hab meinen Text vergessen!«

Finja hört Anastasias Stimme. Sie jammert herum. Frau Reis legt einen Arm um sie. Finja möchte auch einen Arm um sich. Sie möchte bei den anderen sein, wieder dazugehören, wieder ganz normal sein. Sie möchte wegen der Aufführung aufgeregt sein wie Anastasia und nicht immer nur daran denken, wann das alles hier endlich vorbei ist. Als sie sich ihr Kostüm überzieht, denkt sie an Papa, wie er sie in der Küche traurig angesehen hat. Wie bescheuert. Normalerweise hätte sie unbedingt gewollt, dass er mit in die Kirche kommt, jetzt ist sie ganz allein hier. Irgendwo sitzt vielleicht Mo mit seiner Klasse und schaut finster vor sich hin. Ob er jemals wieder ein Wort mit ihr sprechen wird?

Finja ist so in Gedanken versunken, dass sie kaum merkt, wie sich die Kirche mit Zuschauern füllt, wie es leiser wird, wie Pfarrer Nöttgen zu sprechen beginnt. Finja denkt jetzt an Mama. Mama wird sie alles erzählen. Finjas Kopf fühlt sich randvoll an, voll mit Worten und Sätzen, die endlich rauswollen. Wenn nur endlich ...

»Finja!«, flüstert Frau Reis. »Geh auf die Bühne und fang einfach an. Anastasia ist zu aufgeregt!«

Sie schiebt Finja auf die Bühne, und tatsächlich. Dort steht Anastasia als Maria, ganz allein und verloren sieht sie aus. Sie ist blass und hat einen Ausdruck im Gesicht, den Finja sofort versteht. Anastasia versucht, nicht loszuheulen. Sie steht da, zupft die ganze Zeit an ihrem Kleid herum und starrt nach oben, damit die Tränen nicht kommen.

Dabei müsste sie jetzt eigentlich laut ihren Text sagen: »Wo denn der Josef nur bleibt? Er müsste längst zu Hause ein.«

Erst das wäre das Stichwort für Finjas Auftritt.

Finja geht Anastasia ein paar Schritte entgegen. Die hört nicht auf, an ihrem Kleid herumzuzupfen. Sie starrt jetzt Finja an, als wäre die wirklich eine himmlische Erscheinung. Ihre Augen sind weit aufgerissen. Finja müsste jetzt eigentlich die Hand heben und sagen – was muss sie noch mal sagen?

Über dem Altar hängt eine Jesus-Statue.

Der hat die gleiche Frisur wie die Fee, denkt Finja.

Sie kommt sich blöd vor in ihrem weißen Kleid und der schwarzen Strumpfhose. Aber Anastasia geht es noch schlechter. Sie sagt immer noch kein Wort, sie beißt sich auf die Unterlippe und starrt und starrt. In der Kirche ist es ganz still. Finja wird schlecht. Vor dem Altar steht Pfarrer Nöttgen und nickt Finja heftig zu. Er deutet mit den Händen an, dass sie nun endlich loslegen soll. Er macht tatsächlich mit seiner Hand eine Bewegung, als wäre sie eine Fingerpuppe, die jetzt zu quasseln anfängt.

Finja öffnet den Mund und sagt: »Sei gegrüßt, Begnadete. Der Herr ist mit dir!«

Maria müsste jetzt eigentlich erschrocken tun und eine Hand vor den Mund schlagen. In der Schule konnte Anastasia das hervorragend, wie eine Theaterdiva. Aber jetzt rührt sie sich keinen

Millimeter. Sie zuckt nur ein bisschen zusammen und starrt Finja weiter an. Dann öffnet sie den Mund und schließt ihn wieder. Die hat 'ne Blockade, denkt Finja. Vielleicht eine Schwester oder ein Bruder von Papas Blockade. Vielleicht auch so ein Rüsselvieh mit großen Ohren. Das hat sich in Anastasias Kopf eingenistet und alle Sätze, die sie auswendig gelernt hat, in seiner Faust gepackt.

Plötzlich hört Finja Papa niesen. Nur Papa niest so. Er macht nicht Hatschi, sondern Hatschum. Finja dreht den Kopf und schaut in die Zuschauermenge. Da sitzt er, Papa. Er ist doch gekommen! Er hat dem Arbeitszimmer widerstanden! Er winkt. Neben ihm winkt noch jemand. Die Fee! Sie sitzt neben Papa und winkt! Dann hebt sie einen Daumen nach oben.

Finja hört ein Zischen, es ist Pfarrer Nöttgen. Er wedelt wie wild mit der Hand. Finja soll endlich weitermachen.

»Maria«, sagt der Erzengel Gabriel, »höre die frohe Botschaft, die ich dir verkünde.«

Marias Mund bleibt zu, eine Träne rinnt ihr die Wange hinab.

»Ich habe keinen Adventskalender bekommen«, sagt Finja.

Jetzt zuckt Pfarrer Nöttgen zusammen.

»Deshalb habe ich mir ausgedacht, was drin sein könnte. Aber das wollte ich nur ein einziges Mal machen.«

»Echt?«, ruft Josef und steht plötzlich auf der Bühne, wo er noch gar nicht hingehört. »Und der schwebende Stern?«

»Den hab ich mit meinem Bruder zusammen gebaut, da war sein Modellhubschrauber drin.«

»Krass!«, sagt Josef.

Maria schaut und schweigt.

Pfarrer Nöttgen flüstert: »Kinder, was macht ihr denn? Das ist doch nicht euer Text!«

»Und die Zaubernuss?«, fragt jetzt ein Hirte, der plötzlich neben Josef auftaucht.

»Mo lag auf dem Mülltonnendach in lauter Taubenkacke und sollte Schnee aus dem Gefrierfach schneien lassen, aber dann ist ihm ein Eiswürfel ausgerutscht.«

»Und auf Marias Kopf gefallen«, ergänzt Josef.

Er steht jetzt neben Maria und stupst sie in die Seite. In der Kirche ist es noch stiller als still. Josef stupst Maria noch mal in die Seite. Da macht Maria endlich den Mund auf und – kichert.

Nicht gemein oder fies oder überheblich, auch nicht fröhlich, nein, irgendwie nervös und überdreht, aber ansteckend.

»Süß!«, sagt der Hirte, und dann müssen er und Josef auch kichern. Auch im Seitenschiff wird jetzt gekichert, das Gekicher geht langsam auf die ganze Kirchengemeinde über.

»Ich wollte es euch schon früher sagen, aber ...«

Pfarrer Nöttgen unterbricht Finja mit donnernder Stimme. »Und der Engel verschwand«, dröhnt er und wedelt mit beiden Händen, als wolle er ein Huhn verscheuchen. Er schafft es tatsächlich, Engel, Josef und Hirte von der Bühne zu scheuchen.

»Und Maria wusste nicht, wie ihr geschah!«, fährt Pfarrer Nöttgen fort, und da sagt Maria prompt: »Aber wie ist das möglich?«

Es klingt ein bisschen roboterhaft, ein bisschen piepsig, aber immerhin ist ihr der Text wieder eingefallen. Im Publikum wird geraunt, gelacht und gewispert.

»Bravo!«, rufen zwei Stimmen, die Finja sehr bekannt vorkommen. Papa und die Fee.

Als die Glocken läuten und Finja die Kirche verlässt, fühlt sie sich, als hätte sie bis jetzt einen riesigen zentnerschweren Sack auf dem Rücken getragen, der jetzt plötzlich weg ist. Sie wird sofort von einer Traube Kinder umringt. Sie muss noch einmal ganz genau erzählen, wie alles gewesen ist, und seltsam: Alle hängen wieder an ihren Lippen, als würde sie schon wieder von einer geheimen Spezialerfindung ihres Papas erzählen. Sie ist schon wieder im Mittelpunkt. Wo ist eigentlich Anastasia? Und wo Papa und die Fee?

Aber sie kann jetzt nicht hier weg, sie muss von Papas Auftrag erzählen, der Blockade und den Glückskeksen. Lars stupst sie in die Seite und ahmt Pfarrer Nöttgens Handbewegung nach. Alle prusten los vor Lachen. Tanni wedelt jetzt auch mit den Händen wie der Pfarrer, und alle müssen noch mehr lachen.

Bis Anastasia kommt. Sie trägt ihre Glitzermütze mit dem roten Bommel und einen dicken Schal. Nur die Nasenspitze schaut daraus hervor. Sie sieht aus, als hätte sie sich am liebsten von oben bis unten in diesen Schal gewickelt. Anastasia schaut zu den Kindern, sie will an ihnen vorbeigehen. Ihr Auftritt ist ihr fürchterlich peinlich.

Finja geht einen Schritt auf sie zu, dann noch einen. Anastasia bleibt stehen, die zwei stehen sich jetzt gegenüber. Wird Anastasia sie jetzt verhöhnen? Wird sie sagen, dass sie ja schon immer gewusst hat, dass Finja eine Lügnerin ist? Nein. Anastasia sagt nichts, sie blickt zu Boden.

Finja streckt ihr die Hand hin und sagt: »Entschuldige.«

Anastasia greift die Hand und sagt: »Danke.«

Ein Moment der Stille entsteht. Dann seufzt Anastasia und sagt: »Du hast mich in der Kirche gerettet. Jetzt sind wir quitt.«

Finja und Anastasia schauen sich an, und beide lächeln. Da passiert etwas Merkwürdiges. Finja sieht, wie ein bisschen Glitzer von Anastasias Mütze auf ihre Schulter fällt, ganz sacht. Feenstaub! Wo ist die Fee? Finja sucht mit den Augen nach der Fee, aber dann sieht sie Mo. Er geht an ihr vorbei und schaut weg. Aber da ruft jemand.

»Bist du nicht Finjas Bruder?«

Es ist Nika. Mo erstarrt, er bleibt stehen, er dreht sich zu Nika um. Dies ist der erste Satz, den Nika mit ihm spricht. Finja kann es nicht fassen und Mo offensichtlich auch nicht. Er starrt Nika an und bringt kein Wort heraus.

Finja stellt sich schnell neben ihn und sagt laut: »Das ist Mo, mein Bruder.«

Sie stößt Mo in die Seite, etwas fest, weil er jetzt mal endlich aus seiner Erstarrung erwachen muss.

»Du hast dich echt aufs Dach des Mülltonnenhäuschens gelegt, um ihr zu helfen?«

Mo nickt. Na also.

»Boah, so einen Bruder hätte ich auch gerne!«, sagt Nika.

Mo schaut, als stünde er vor dem erleuchteten Weihnachtsbaum. Dann verzieht sich sein Mund zu einem etwas schiefen Lächeln, und er sagt: »Ach, das war doch nix Besonderes!«

Doch dann erzählt er ziemlich ausführlich, wie er sich auf das dreckige Dach gelegt hat. Er schildert seine eiskalten Finger, die Warterei, was er alles von da oben sehen konnte und so weiter. Sogar bei Anastasia entschuldigt er sich, dass ihm der Eiswürfel ausgerutscht ist. Plötzlich stehen alle um Mo herum.

Nika schaut ihn an, als wäre er Superman. Am Ende klopft Mo Finja lässig auf die Schulter.

»Also wenn du wieder mal Hilfe brauchst, Schwesterchen, ich stehe jederzeit zur Verfügung.«

Nicht schlecht für den ersten Satz, den man nach zwei Tagen des Schweigens zu seiner Schwester sagt. Finja grinst, dann stiehlt sie sich davon. Sie findet Papa, aber die Fee ist verschwunden.

Heiligabend. Die Wohnung duftet nach Tannennadeln und gebrannten Mandeln. Die hat Mama selbst gemacht, und sie schmecken viel besser als die Mandeln vom Weihnachtsmarkt. Dort waren Finja und Mama gestern. Sie haben Weihnachtsschmuck gekauft und Tannenzweige. Arm in Arm sind sie von Bude zu Bude geschlendert, und Finja war von den Fußsohlen bis zum Scheitel glücklich.

Vor Rüdi hat Mama haltgemacht. »Damit meine Stimme wieder ganz die alte wird«, flüsterte sie.

Sie muss immer noch leise sprechen. Jeden Tag macht sie jetzt komische Stimmübungen. Mama hat Rüdi unten am Hals gekitzelt, und Finja war es fast, als hätte sie ein leises Kichern gehört.

Dann gingen sie Geschenke einkaufen und Geschenkpapier. Papa und Mo besorgten in der Zwischenzeit einen Weihnachtsbaum.

Er ist etwas schief, war auch einer der letzten. Aber jetzt sitzen sie alle um ihn herum im Wohnzimmer, und alles ist wie immer, nein, noch schöner. Die Kerzen brennen am Baum, die Geschenke liegen davor. Es riecht nach Wachs und nach den Würstchen mit Kraut, die sie gerade gegessen haben. Nur ein bisschen schade, dass dieses Jahr keiner singen mag. Ohne Mamas Stimme geht das nicht, da sind sich alle einig. Immerhin haben sie das Weihnachtsoratorium in der Kirche angehört.

»Nächstes Jahr sing ich wieder mit«, hat Mama Finja zugeflüstert. In der Kirche wurde auch noch einmal ein Krippenspiel aufgeführt, von anderen Kindern.

»Dein Krippenspiel war viel besser als das vorhin«, sagt Mo jetzt und grinst.

»Da hast du echt was verpasst, Anne«, kichert Papa. »Ein Glück, dass mich Frau Reis am Vortag noch angerufen hat. Sonst hätte ich das alles gar nicht mitgekriegt.«

»Maria, höre die frohe Botschaft. Ich habe keinen Adventskalender bekommen!«, ahmt Mo Finja übertrieben nach, und alle müssen lachen.

»Und noch mal und noch mal Entschuldigung«, sagt Papa. Seit dem Krippenspiel hat Papa sich schon mindestens dreitausend Mal bei Finja für sein schlechtes Papa-Sein entschuldigt.

»Wie konnte ich nur den Adventskalender vergessen!«

Diesen Satz sagt er jetzt jeden Tag um die fünf Mal.

»Ein Glück, dass du wieder da bist!«, murmelt er jetzt und schaut Finjas Mama an wie ein Dackel.

»Packen wir jetzt die Geschenke aus?«, fragt Finja.

»Erst kommt meine Überraschung!«, ruft Mo. Er düst davon, und als er zurückkommt, hält er einen Weihnachtsstern in den Händen, er sieht fast so aus wie der alte, der, der im Regen kaputtgegangen ist.

»Achtung!«

Mo setzt den Stern vorsichtig auf dem Sofa ab, dann zieht er seine Fernsteuerung hervor, und der Stern beginnt zu schweben.

»Sagenhaft!«, ruft Papa und fängt an zu singen: »Vom Himmel hoch, da komm ich her!« Er singt mehr als falsch.

Alle folgen mit den Augen dem schwebenden Stern. Mo drückt etwas fester auf die Fernsteuerung. Jetzt saust der Stern in die eine Ecke, in die andere, und dann prallt er gegen den Weihnachtsbaum, zack, fällt nach unten und beginnt zu brennen. Eine der Wachskerzen ist an das Papier gekommen.

»Wasser!«, schreit Papa und rennt davon.

Mo rennt zu seinem Stern. Immerhin ist ja sein Modellhubschrauber darin eingepackt.

Der Wohnzimmerteppich fängt schon an zu kokeln und zu stinken. Mama versucht Mo davon abzuhalten, den brennenden Stern anzufassen. Finja packt die Gießkanne, die auf dem Fensterbrett steht, und löscht den Brand, kurz bevor Papa mit einem Eimer Wasser kommt. Er schüttet trotzdem noch sein Wasser drüber. Der Boden ist jetzt ziemlich überschwemmt.

Als sie alle zusammen das Wasser aufgewischt haben, wringt Papa seinen Lappen aus und sagt: »Das ist ja noch mal gut gegangen.«

Mo trocknet seinen Hubschrauber schweigend ab.

»Ist er kaputt?«, fragt Mama.

»Glaube nicht«, murmelt Mo.

»Was für ein Gl–«, Mama stockt und schaut Papa grinsend an. »Darf man das Wort eigentlich wieder benutzen?«

Papa zuckt mit den Schultern.

»Von mir aus! Immerhin habe ich etwas Aufschub bekommen. Ich kann die restlichen 13 Sprüche nach den Ferien abgeben.« Er ringt die Hände und heult auf: »Dieser blödsinnige Auf-

trag. Nie, nie, nie, nie wieder werde ich so einen Schwachsinn machen. III Sprüche! Originell! Für eine Hochzeitsgesellschaft!«

»Wie wär's mit: Wenn das Glück dich anspricht, dann antworte?«, sagt Mo.

»Wie poetisch«, findet Mama.

Papa starrt Mo an.

»Sag das noch mal!«

»Wenn das Glück dich anspricht, dann antworte.«

»Genial! Das muss ich sofort aufschreiben!«

Mo lächelt selig vor sich hin. Finja weiß schon, an wen er denkt. Nika hat gesagt, sie würde sie in den Weihnachtsferien mal besuchen.

»Euch beide«, hat sie gesagt und dabei nur Mo angeschaut.

»Ich wüsste vielleicht auch noch einen«, flüstert Mama.

»Glück ist, wenn du eine Stimme hast, um deine Liebsten zu erreichen.«

»Heujeujeu«, sagt Papa, »das geht ans Herz! Perfekt! Stift her!«

Finja sitzt neben Mama auf dem Sofa. Mama riecht nach Mama oder nach Fee.

Was die wohl macht?

»Du, Papa«, fällt ihr plötzlich ein, »die Frau, die neben dir in der Kirche saß, hast du mit der geredet?«

»Mit der Fee?«, fragt Papa.

»Fee?«, sagen Mo und Mama gleichzeitig.

Papa grinst. »Ja, so heißt sie nun mal: Fee Da Silva, aus Brasilien, da fliegt sie über Weihnachten hin, hat sie mir erzählt. Nette Frau.«

»Sie heißt Fee?«, fragt Mo noch einmal nach.

»Ja«, sagt Papa, »aber jetzt mal nicht vom Thema ablenken. Habt ihr vielleicht noch einen Spruch für mich? Ihr könnt die ja richtig aus dem Ärmel schütteln. Unglaublich! Oder wartet mal, wie findet ihr den: Das Glück liegt in der Ruhe, nicht in der Arbeit!«

»Tiefgründig!«, sagt Mama.

Papa springt auf. So heftig, dass er an den krummen Weihnachtsbaum stößt und ihn umkippt. Was für ein Glück, dass die Kerzen schon erloschen sind.

»Ha haaaaa«, kreischt er, »es geht wieder! Die Spaghetti sind weg! Die Blockade ist futsch! Ich kann wieder denken!«

Er zieht Finja, Mo und Mama vom Sofa und hopst mit ihnen im Kreis umher.

»Warum hab ich euch nicht schon viel früher um Hilfe gebeten? Ich Trottel!«

»Können wir jetzt endlich mal die Geschenke aufmachen?«, fragt Finja.

»Glück ist ein Geschenk, man muss es nur zu öffnen wissen«, platzt es aus Papa heraus. Den restlichen Abend redet er nur noch in Form von Glückskekssprüchen. In seinem Gehirn scheint ein Damm gebrochen zu sein, es sprudelt nur so.

Finja stellt sich vor, wie das rüsslige Blockadenmonster einfach weggespült wird, es versucht noch, sich mit seinen großen Ohren über Wasser zu halten, aber keine Chance. Ätsch, bätsch, denkt Finja und winkt ihm hinterher.

Dann muss sie an die Fee denken. Heißt sie wirklich mit Vornamen so? Ist sie inzwischen wirklich nach Brasilien geflogen?

Ob sie sie noch einmal treffen wird? Vielleicht bei diesem Glücksschwein. Vielleicht macht sie das regelmäßig sauber, denkt Finja und sieht Rüdi vor sich. Seine Schnauze wackelt vergnügt. Die Fee streicht ihm mit ihrem Putzlappen darüber, sie rubbelt und rubbelt. Der Weihnachtsmarkt ist längst geschlossen. Kein Mensch ist auf den Straßen. Alle sitzen zu Hause und feiern Weihnachten. Die Fee berührt mit ihren roten Fingernägeln die Schweineschnauze, und auf einmal springt Rüdi von seinem Sockel. Er wackelt mit seinem Ringelschwanz und wird größer und größer, so groß wie ein echtes Schwein ist er nun. Die Fee schwingt sich auf seinen Rücken, gibt ihm mit ihrem Lappen einen Klaps, und schon hebt Rüdi ab. Er steigt und steigt in die Luft, die Häuser werden immer kleiner, und da fängt es auch endlich an zu schneien. Rüdi und die Fee fliegen über weiße weiche warme Schneewolken davon.

Silke Wolfrum, 1973 geboren, studierte Romanistik und Germanistik in Bamberg, München und Paris. Sie arbeitet als Autorin für den Bayerischen Rundfunk und schreibt Geschichten, Hörspiele und Comedys für Kinder. Für ihr erstes Buch bei Hanser, *Leon zeigt Zähne* (2017), bekam sie 2013 das Literaturstipendium der Landeshauptstadt München. Adventskalender fand Silke Wolfrum schon immer großartig, weil sie die Vorweihnachtszeit so viel schöner machen. Als sie an diesem Buch arbeitete, hat sie von ihren Kindern einen ganz tollen selbst gebastelten Adventskalender bekommen. Was für ein Glück!

Nele Palmtag, geboren 1973 in Böblingen, machte zunächst eine Ausbildung zur Ergotherapeutin, bevor sie in Bremen Design und Mode sowie in Hamburg Illustration studierte. Seit 2009 arbeitet sie als freiberufliche Illustratorin vor allem für Kinderbücher. Als Kind hat Nele von ihrer Mutter immer einen Adventskalender mit Säckchen, die um den Türrahmen hingen, bekommen. Später hat Neles Mutter für ihre Enkelkinder die Adventskalender bestückt. Seit einigen Jahren organisiert jetzt Nele für ihre Mutter, ihre Tochter und ihre Freundinnen einen gegenseitigen Adventskalender: Alle packen Päckchen und so bekommen alle einen Kalender.

»*Timo Parvelas Ella-Geschichten gehören zum Witzigsten und Originellsten, was die Kinderliteratur seit dem kleinen Nick hervorgebracht hat.*«
Felicitas von Lovenberg, F.A.Z.

Die lustigsten Sachen passieren immer in der Schule, darum gehen Ella und ihre Freunde auch in der zweiten Klasse noch gern hin.

»Für alle, die beim Lesen und Vorlesen gerne lachen.«
Imma Wieck, Westdeutsche Allgemeine Zeitung

»Von Ella bekommt man so schnell nicht genug.«
Jutta Seehafer, www.alliteratus.com

»Spannend, lustig und völlig verrückt.«
Christine Lötscher, Tages-Anzeiger

»Die Bücher sind Kult …«
Katharina Mahrenholtz, www.ndr.de

»Ella gehört zu den wenigen Schulgeschichten, die man auch in den Ferien lesen will!«

Die Zeit

Im Hanser Kinderbuch bereits erschienen:

»Ella in der Schule« (2007)
»Ella in der zweiten Klasse« (2008)
»Ella auf Klassenfahrt« (2009)
»Ella und der Superstar« (2010)
»Ella in den Ferien« (2011)
»Ella und die falschen Pusteln« (2012)
»Ella und der Neue in der Klasse« (2013)
»Ella und das große Rennen« (2013)
»Ella und der Millionendieb« (2014)
»Ella und ihre Freunde außer Rand und Band« (2014)
»Ella und die Ritter der Nacht« (2015)
»Ella und die 12 Heldentaten« (2016)
»Ella und das Festkonzert« (2016)
»Ella und das Abenteuer im Wald« (2017)
»Ella und der falsche Zauberer« (2018)
»Ella und ihre Freunde als Babysitter« (2020)
»Ellas Klasse und der Wundersmoothie« (2021)
»Ella und ihre Feunde retten die Schule« (2021)

Von Timo Parvela
Schwarz-weiß illustriert von Sabine Wilharm
Alle Bände je 144-176 Seiten, gebunden
Auch als Hörbücher und ⊖-Books lieferbar

Die »Frau Wolle«-Trilogie

Tauche mit Merle und Moritz ein in das Reich hinter der schwarzen Tür, wo die hinterhältigen Spitzzahntrolle und der wachsame Waisenfuchs Silberträne wohnen, dorthin wo die Wanzenfalterarmee ihr Unwesen treibt und die weiße Verräterkatze hinterlistig lächelt …

»Was immer Jutta Richter erzählt, mit ihrer klaren poetischen Sprache voller witziger Pointen und überraschender Bilder zieht sie den Leser immer aufs Neue in ihren Bann. Mit ›Frau Wolle‹ hat sie sich selbst übertroffen.« *Süddeutsche Zeitung*

Jutta Richter
Frau Wolle und der Duft von Schokolade
144 Seiten. Gebunden

Frau Wolle und das Geheimnis der chinesischen Papierschirmchen
144 Seiten. Gebunden

Frau Wolle und die Welt hinter der Welt
160 Seiten. Gebunden

Illustriert von Günther Mattei
Jeweils auch als 🅴-Book lieferbar
Als Hörbücher erschienen bei Igel Records

Ich bin Mattis. Und meine Mutter glaubt, ich werde ein Schwerverbrecher.

Eigentlich hat Mattis richtig gute Ideen: Zum Beispiel hilft er seinen Mitschülern stillzusitzen, indem er sie mit Sekundenkleber an Tischen und Stühlen festklebt! Blöd ist nur, dass der Lehrer das nicht kapiert und mal wieder einen Brief an seine Eltern schreibt. Mattis muss das zu Hause unbedingt richtigstellen – aber das tut er garantiert auf die originellste Weise! Ein urkomischer Lesespaß für Schulanfänger.

»Eine wunderbare Kinderbuch-Reihe – in größerer Schrift und mit leicht lesbaren und doch gut erzählten Geschichten. Mit Maja Bohns witzigen Illustrationen sind sie toller Stoff für Erstleser.« *Augsburger Allgemeine*

Silke Schlichtmann
Mattis und das klebende Klassenzimmer
64 Seiten. Gebunden

Mattis und die Sache mit den Schulklos
64 Seiten. Gebunden

Mattis – Schnipp, schnapp, Haare ab!
64 Seiten. Gebunden

Mattis – Der spinnt, der Lehrer Storm!
64 Seiten. Gebunden

Illustriert von Maja Bohn